SPIKE

Gisele Martins Neis

SPIKE
Você vai se apaixonar

Ediouro

© 2009 by Gisele Martins Neis
Direitos de publicação reservados à Ediouro Publicações Ltda., 2009

Diretor: Edaury Cruz
Assistente editorial: Fernanda Cardoso
Coordenadora de produção: Adriane Gozzo
Assistente de produção: Juliana Campoi
Preparação de textos: Tuca Faria
Revisão: Mary Ferrarini
Editora de arte: Ana Dobón
Projeto gráfico e diagramação: Linea Editora Ltda.
Imagens de miolo: Lio Simas e arquivo pessoal da autora
Capa: Ana Dobón
Imagem de capa: Lio Simas

Dados Internacionais de Catalogação na Publicação (CIP)
(Câmara Brasileira do Livro, SP, Brasil)

Neis, Gisele Martins
    Spike : você vai se apaixonar / Gisele Martins Neis. -- São Paulo : Ediouro, 2009.

    ISBN 978-85-00-02458-0

    1. Animais - Aspectos simbólicos 2. Animais - Hábitos e comportamento 3. Conduta de vida 4. Relações homem-animal 5. Relações interpessoais 6. Sabedoria I. Título.

09-04270   CDD-158

Índices para catálogo sistemático:
    1. Cães e homens : Ligação : Psicologia aplicada   158
    2. Homens e cães : Ligação : Psicologia aplicada   158

Todos os direitos reservados à Ediouro Publicações Ltda.

Rua Nova Jerusalém, 345 — Bonsucesso
Rio de Janeiro — RJ — CEP 21042-235
Tel.: (21) 3882-8200 Fax: (21) 3882-8212 / 3882-8313
www.ediouro.com.br

Este livro foi impresso em conformidade com o Novo Acordo Ortográfico da Língua Portuguesa, vigente desde 1º de janeiro de 2009.

Uma dedicatória ao meu eterno amigo

Agradeço a você, Spike, por ter proporcionado a mim e à nossa família a oportunidade de crescermos cada vez mais como pessoas, como seres humanos.

Sua presença é cada dia mais essencial em nossa vida. Você sempre será um ser de luz, iluminando com todo seu companheirismo, lealdade e amor cada pedacinho da nossa jornada aqui nesta Terra.

Hoje vejo você mais tranquilo que tempos atrás, embora nunca tenha perdido seu jeito criança de olhar.

Desde que o peguei no colo pela primeira vez, tive a certeza de que ficaria para sempre no meu coração.

Mil vezes meu muito obrigada, amigo, por você existir!

Agradecimentos

A MEU PAI

No Natal de 2006, ao procurar um presente para meu pai numa livraria, um livro que contava a história de um labrador me chamou a atenção. Resolvi comprá-lo, no intuito de conseguir fazer meu pai, através dele, transcrever para o papel a historinha de uma cachorrinha, que ele começara a escrever havia muitos anos. Eu só não sabia que, mesmo não lendo o livro, a inspiração viria para mim.

Passado algum tempo, comentei com meu pai que estava escrevendo um livro sobre Spike. O incentivo foi grande. Assim que boa parte do material ficou pronta, levei a ele para que desse uma olhada, pedindo então que deixasse a emoção de pai coruja de lado e lesse com olhos de crítico.

Eu estava ansiosa para saber a reação dele, para ver se estava no caminho certo, se ele havia gostado da leitura... E ouvi só elogios!

Meu pai, então, foi muito importante para mim nesse processo todo. Além de corrigir alguns errinhos de português, ele me fez acreditar e apostar neste livro.

A você, meu paizinho querido e amado, meu muito obrigada, do fundo do meu coração!

A MEU MARIDO

George e eu estávamos caminhando e conversando sobre o livro que eu dera de presente a meu pai. Conversa vai, conversa vem, falei a ele que tinha vontade de escrever sobre Spike também. George, na mesma hora, adorou minha ideia, sugerindo até um possível título.

Na verdade, o primeiro grande incentivo veio do meu marido, que em 1997 cedeu ao meu constante pedido para ter um cachorro e permitiu que eu fosse buscar em São Paulo o personagem principal deste livro.

Meu lindo, como é gratificante poder dividir com você meus sonhos e me sentir sempre apoiada!

Todo meu amor, sempre!

A MINHA FILHA

Este livro foi basicamente escrito no computador do quarto de Nicolle.

Toda dia, ao chegar em casa, e depois de se preparar para deitar, ela me pedia para ler o que já havia escrito. Diante de algumas historinhas que eu lia, era muito gostoso ouvi-la falando:

— Nossa, mãe, eu não me lembrava mais disso. Está superlegal!

Ou então ela mesma me ajudava a me lembrar de algumas passagens com Spike, das quais eu já havia me esquecido.

Nicolle sempre foi minha cúmplice, meu apoio constante, bem como para todos os cachorrinhos abandonados que de alguma forma apareceram em nosso caminho.

Ela foi fundamental no aprendizado de Spike. Com toda sua paciência e determinação, ensinou muita coisa a ele.

Minha doce e amada Nicolle, você é minha grande fonte de equilíbrio, minha razão de acreditar no amor incondicional.

A MINHA MÃE

Embora dona Glória não tenha a mesma paixão que eu por bichos, conseguiu ter com Spike uma relação de carinho, fazendo com que o medo de cachorro, provocado por uma passagem durante sua infância, fosse transformado em bons momentos. Ela muitas vezes sente falta dele.

Quando comentei sobre o livro que vinha escrevendo, minha mãe me apoiou, mas eu não tinha ideia, ainda, se corresponderia à minha empolgação.

Depois que leu as primeiras páginas, seu sorriso e sua expressão de contentamento me deram mais uma energia positiva para concluir meu projeto.

Minha mãezinha, obrigada pela proteção, pelo amor explícito, pelo zelo e por ser esse exemplo de garra que você a cada dia me dá!

A MINHA AMIGA LU

Quando soube que eu decidira escrever um livro, Lu abraçou minha ideia, encorajando-me a buscar esse objetivo.

Minha querida e importante amiga, irmã de coração, vou agradecer sempre a Deus por você ter cruzado meu caminho.

AS MINHAS QUERIDAS IRMÃS

Não posso me esquecer de como Cláudia me ajudou a salvar uma cachorrinha cheia de sarna enquanto caminhávamos à beira-mar.

A foto de Spike que ela guarda até hoje na carteira, bem como todos os presentinhos que volta e meia dava a ele no Natal.

Todo esse carinho, agradeço do fundo do meu coração.

Mesmo que Elaine não tenha todo esse envolvimento com Spike, tenho certeza da sua admiração e do respeito pela forma como o tratamos.

Obrigada por me encorajar em um momento de dúvida sobre o livro, lendo as cartas tão positivas do tarô para mim.

A toda minha família, a todos os meus amigos, meu muito obrigada por fazerem parte da minha vida.

Sumário

As palavras do meu pai 15
Primeiras palavras 19

Capítulo 1 — Quanta vontade de ter um cachorrinho... 23
Capítulo 2 — Compramos nosso cachorro!............. 27
Capítulo 3 — Uma noite maldormida................... 31
Capítulo 4 — Um novo sinal................................. 35
Capítulo 5 — Shopping center............................. 39
Capítulo 6 — A doença... 43
Capítulo 7 — Agilidade para aprender................. 47
Capítulo 8 — Tombo no campinho....................... 51
Capítulo 9 — Plantas para todo lado................... 55
Capítulo 10 — Cinto de segurança......................... 59
Capítulo 11 — A escada... 63
Capítulo 12 — Aquela bufada................................. 67
Capítulo 13 — Primeira fuga.................................. 71
Capítulo 14 — Larrrrga o pano, Spike!................... 75

Capítulo 15 — O Shirlei... 79
Capítulo 16 — Primeira namorada........................ 83
Capítulo 17 — Novas amiguinhas 87
Capítulo 18 — Uma doce lambida.......................... 91
Capítulo 19 — Chegada triunfal............................. 95
Capítulo 20 — A cama mais gostosa 99
Capítulo 21 — Capa de chuva................................. 103
Capítulo 22 — Festa à fantasia 107
Capítulo 23 — Ai, que medo!................................... 111
Capítulo 24 — Dia de Natal...................................... 115
Capítulo 25 — Que susto!... 119
Capítulo 26 — Como roncas, hein?....................... 123
Capítulo 27 — Problemas com vizinhos 127
Capítulo 28 — Passeio nada calmo 131
Capítulo 29 — Não vou devolver Spike................ 135
Capítulo 30 — Ladrões no apartamento 139
Capítulo 31 — Passeio de veleiro........................... 143
Capítulo 32 — Amor impossível 147
Capítulo 33 — Nova casa.. 151
Capítulo 34 — Amigo Hype 155
Capítulo 35 — Ciúme 161
Capítulo 36 — Qual a melhor comida?................. 165
Capítulo 37 — Hora do banho................................. 169
Capítulo 38 — Caiu lá embaixo? Chame Negão
              que ele pega!..................................... 173
Capítulo 39 — Será que ele não vai andar mais?..... 177
Capítulo 40 — Um consolo na hora da dor 181

Palavras finais 185
Antes de comprar ou adotar seu cachorrinho........... 189

As palavras do meu pai

Quando minha filha, autora deste livro, disse-me desejar escrever sobre seu labrador, procurei incentivá-la, pois entendi que naquele seu desejo estava alojado um grande amor que ela gostaria de compartilhar com outras pessoas.

Cada capítulo que escrevia era como uma nova energia que fazia no seu dia a comunhão da felicidade e da alegria. Quando me falava no que já havia escrito, seus olhos brilhavam como dois pontos de luz. Como estou feliz, minha filha, por você ter posto ação em seu desejo!

À medida que os casos com seu labrador iam se sucedendo, iam-me remetendo ao passado com os muitos cães que tive. Eram amigos mesmo, com os quais desabafava minhas tristezas e cantava minhas alegrias. E eles me ouviam como se me entendessem.

Minha filha não deixa por menos com seu labrador. O leitor verá que Spike tem sido o grande companheiro, o amigo presente, o cão muito especial percebido pela convivência de dez anos.

A leitura é agradável e vai nos levando magicamente ao próximo capítulo. Parece que estamos vivendo juntos as narrativas que compõem este livro.

Fico muito à vontade para discorrer sobre esta obra, pois temos, eu e Spike, uma convivência de verdadeiros amigos. Quando minha filha diz: "O vô está chegando", ele se prepara para externar sua grande amizade.

Se o leitor tiver também um cão com o qual conviva como grandes companheiros, sentindo falta um do outro, por certo verá neste livro muitas semelhanças com as quais se identifique.

A autora não tem pretensão de fazer do livro uma grande obra, mas sim, e tão-somente, provocar no leitor a vontade de também ter um cão, e se já o tiver fazer dele o amigo sincero e companheiro para os momentos de alegria e de tristeza.

O leitor verá que Spike foi criado em ambiente de muita paz, de muitos amigos, reuniões, festas, músicas e canto. Assim tornou-se membro da família e amigo de todos os amigos da casa. Ele é uma figura importante, pois todo mundo também pergunta: "E Spike, como vai?".

O seu jeito bonachão e seu olhar de bom moço acabam por conquistar as pessoas.

Faço votos de que o leitor se entretenha com a leitura e perceba o quanto se pode aprender com um cão.

Este livro, como disse antes, não tem a pretensão de ser uma grande obra; todavia, é uma comovente lição de amor!

Márcio Alvim Martins

Primeiras palavras

Era uma linda tarde de verão. O sol ainda brilhava no céu de um azul intenso. Peguei uma maçã e fui saboreá-la na rede da varanda de minha casa. Spike veio deitar-se ao meu lado, esperando que eu dividisse com ele alguns pedaços da deliciosa fruta. Ficamos saboreando, e, no balançar da rede, podíamos ouvir o suave canto dos pássaros. O som harmonioso que vinha do bambuzal em frente à nossa casa virava melodia aos nossos ouvidos.

Meu querido Neguinho — um dos vários apelidos carinhosos dados a Spike —, depois de terminar o último pedaço da fruta, virou-se de barriga para cima, para que eu fizesse, como de praxe, um carinho.

Ao acariciar seu pelo preto, que ao toque parecia uma seda, me dei conta de que o tempo estava passando, pois alguns fios brancos já começavam a dar sinais do tempo vivido.

Então, meu pensamento começou a vagar pelo passado, recordando muitos momentos. Alguns muito engraçados, outros nem tanto. Alguns felizes, outros um pouco tristes. Mas todos eles, de alguma forma, foram e ainda são vividos com pureza, sinceridade, amizade, muito amor, que acho ter trazido de outras vidas.

Quando, em comum acordo, Nicolle, George e eu decidimos dividir a nossa casa com um cachorro, não tínhamos a menor noção, por mais loucos por cães que fôssemos, de que este cãozinho seria uma bênção para as nossas vidas.

Seu olhar doce, seu companheirismo rotineiro, sua inteligência, seu temperamento dócil e amigo, seu jeito infantil, suas atitudes perante suas vontades; enfim, tudo nele sempre encantou. Encantou minha família, nossos amigos; encantou até mesmo gente que o viu uma única vez.

E, enquanto ainda acariciava seu pelo, uma grande vontade veio à minha cabeça. Queria que outras pessoas soubessem dele, de todo o amor que temos por ele, de todo o amor que ele tem por nós. Que soubessem do quanto os animais nos completam e preenchem nossas vidas, do quanto aprendemos com eles.

Queria que soubessem ainda como Spike é especial, como é diferente, e que identificassem, através de suas grandes travessuras, alguma semelhança com seu animal de estimação.

Espero, com este livro, poder dividir com você alguns dos momentos marcantes que tivemos com Spike.

Espero igualmente que as pessoas aprendam, assim como nós aprendemos, que podemos tornar qualquer animal especial. Para isso, basta que saibamos amá-los, respeitá-los, e que, a partir do primeiro momento em que eles compartilham nosso lar, seremos eternamente responsáveis por sua vida.

Lembro-me agora de uma frase de Albert Camus: "Gosto de cachorros com antiga e fiel ternura. Gosto deles porque sempre perdoam".

Com todo o carinho,

GISELE MARTINS NEIS

CAPÍTULO 1

Quanta vontade de ter um cachorrinho

A cho difícil uma criança que nunca sonhou em ter um cachorro. Umas têm sorte, pois moram em casas e os pais também gostam de bichos. Mas eu não tive essa sorte. Não que meus pais não tivessem afinidades com os bichinhos; muito pelo contrário. Meu pai, assim como eu, sempre foi apaixonado por animais. O fato é que, quando criança, morei em apartamento, e minha mãe achava que fariam muita sujeira.

Então, contentava-me com livros sobre raças com os quais eu andava para todos os lados, folheando, sonhando em um dia poder comprar um cãozinho. Não importava, podia ser grande ou pequeno, de raça ou vira-lata, qualquer cachorro me faria feliz.

Um dia tive um sonho que parecia real de tão perfeito. Sonhara que tinha ganhado um cachorrinho do meu pai, e ele estava dormindo no banheiro da minha casa. Acordei ainda meio sonolenta, esfregando os olhos, e correndo fui ao banheiro, com um sorriso que parecia encher meu rosto de tanta emoção. Quando abri a porta, procurei o filhote quase real, e, claro, ele não estava ali. Voltei para minha cama decepcionada, triste, pois no sonho podia sentir até seu cheirinho.

Meus pais, com certeza, gostariam de fazer a minha vontade, mas talvez não percebessem o quanto isso era importante para mim, não soubessem, como muitos pais não sabem, o quanto um animal de estimação é importante no desenvolvimento de uma criança.

Houve um Natal em que ganhei um cachorrão. Só que não latia, não corria, não sabia dar a patinha nem fazer pipi. Ele era enorme, cheio de pelos marrons, e ficava sentado o tempo todo ao lado da minha cama. Eu adorava colocar a cabeça entre suas patas e ficar estudando, escrevendo, ou simplesmente dividindo meu dia com ele. De qualquer maneira, aquele bicho grande de pelúcia era meu maior amigo. Ele guardou, naquela época, algumas das confidências alegres e tristes, próprias de uma criança sonhadora como eu sempre fui.

Elaine, minha irmã mais velha, apareceu em nossa casa um dia com um cachorrinho muito pequeno, preto, que ganhara de uma amiga. O nome dele era Rick, em homenagem ao cantor pop da época, Rick Wakeman.

Minha mãe ficou um pouco assustada, pois nós ainda morávamos em apartamento, mas devido à nossa euforia nos deixou ficar com o filhotinho desde que nos revezássemos nos passeios.

Nos primeiros meses, eu e minhas irmãs fazíamos fila para ver quem ia passear com Rick. Depois a coisa ficou mais complicada, pois tínhamos aula, precisávamos estudar, e acabava sobrando para minha mãe ou, na maioria das vezes, para o papai.

Mas Rick sempre foi da minha irmã, nunca o senti meu. Embora ache que as pessoas de quem ele mais gostava na casa eram meu pai e eu.

Um dia minha mãe comprou um sofá novo. Então, disse-nos, com toda firmeza, que, no próximo pipi que Rick fizesse no sofá, ela iria arranjar um novo lar para ele. Não deu outra: Rick o fez no sofá branco e novinho. Minha mãe, então, teve que cumprir o prometido. No mesmo dia deu Rick para um senhor conhecido do meu pai, que tinha uma casa grande, com quintal e outros cachorros, bem diferente do nosso apartamento. Ele não teria que ficar nos esperando ter paciência para levá-lo a passear, nem ouvir as broncas da dona Glória, por causa do seu pipi. Teria um quintal com espaço de sobra para fazer tudo o que quisesse.

A choradeira lá em casa foi geral. Até minha mãe, que nunca foi muito fã de bicho, rendeu-se por muitos dias às lágrimas que escorriam soltas em seu rosto.

Eu e meu pai fomos visitá-lo algumas vezes. O espaço e a alegria que Rick partilhava no outro lugar eram tão grandes que ele se transformara num cachorro forte, com pelos grandes e brilhosos. Não parecia nem um pouco com aquele pequinês magrelo, meio franzino, que morava em nosso apartamento.

Naquele tempo pude perceber que, para termos um animalzinho, precisamos dar a ele todas as condições necessárias para um desenvolvimento sadio. Pude notar o quanto Rick estava alegre, e isso me deixou feliz. Por mais que estivesse triste por querer estar perto dele, consegui entender e transformar minha dor pela sua ausência.

Depois disso, ficou difícil colocar outro cãozinho em nosso apartamento, mas continuei com a esperança de um dia poder ter meu próprio cachorro.

CAPÍTULO 2

Compramos nosso cachorro!

Eu e Nicolle conseguimos, enfim, convencer meu marido, George, de que precisávamos comprar um cachorro.

Depois de ler várias revistas sobre raças, decidimos que o melhor cão para nossa família seria um labrador.

Queríamos um cão companheiro, amigo das pessoas, dócil, superinteligente. Com todas essas características juntas, só mesmo o labrador.

Na época, em 1997, essa raça não era muito conhecida aqui em Florianópolis, e tivemos certa dificuldade em encontrar um canil que a comercializasse.

Como estávamos de viagem marcada para São Paulo, não foi difícil encontrar um bom canil por lá. A ninhada estava com quarenta e cinco dias. Tudo perfeito, vacinas, excelente pedigree, era mesmo lá que iríamos encontrar nosso tão sonhado companheiro.

A minha ansiedade era enorme, e, mal chegamos a São Paulo, quis ir direto conhecer nosso futuro cachorro.

Chegando lá, eu nem acreditei. Eram dez bolinhas pretas, que mais pareciam bichinhos de pelúcia. Todos lindos! A mãe deles era uma cadela amarelo-clara, superdócil, muito linda. O pai não estava ali, portanto não o conhecemos, mas nos falaram que era preto, muito grande, extremamente bonito, com vários títulos em exposição, tanto nacionais quanto internacionais, assim como seu avô. Que chique!

Ficamos brincando com eles para tentar descobrir qual teria maior afinidade conosco. A nossa vontade era levar todos, mas dois em especial chamaram a nossa atenção, por serem os mais serelepes, maiores e não saírem do nosso lado.

Eram um macho e uma fêmea. E agora, qual deles levar? Eta tarefa difícil!

Ao perceber que o machinho tinha uma saliência no umbigo, ficamos na dúvida.

Quando fomos embora, todos nos acompanharam até a porta e ficaram nos olhando do portão chorando, como se quisessem falar para continuarmos a brincadeira.

Voltamos para o hotel, pois só levaríamos o cãozinho quando fôssemos embora.

Durante nossa estada em São Paulo, meu pensamento girava só em torno dos cachorrinhos. Eu não parava de pensar em qual seria o mais legal para nós. Qual seria realmente nosso grande amigo e companheiro para sempre. Pensava em todos, mas tinha que me decidir por um.

Chegou o grande dia, e afinal qual deles levaríamos? Era a pergunta que nos fazíamos a toda hora. Estava muito difícil escolher, mas resolvemos decidir lá. Ao chegarmos, fomos ao encontro daquelas coisas fofas. E quando eles corriam para nos receber, com aquela euforia típica de filhote perante novidades, eu e George apontamos quase que na mesma hora:

— É esse machinho aqui, o da marquinha, que nós vamos levar.

Mal sabíamos que a marquinha do cachorrinho era um sinal de quanto ele seria diferente e especial.

Antes de viajar fizemos listas e mais listas de possíveis nomes para o nosso futuro cãozinho, e, por incrível que possa parecer, não selecionamos nenhum da lista. Como num passe de mágica, um nome veio rapidamente à minha cabeça. O mais novo membro da família se chamaria SPIKE!

CAPÍTULO 3

Uma noite maldormida

Quando peguei aquela bolinha preta, aquela coisinha fofa e rechonchuda, coloquei-a em meu colo para iniciarmos a volta para casa.

Após um tempo, ajeitei-o entre os meus pés, deitando-o numa mantinha para que ele conseguisse dormir mais confortavelmente.

Era muito chão que enfrentaríamos, e pensei que não seria nada fácil, pois ele poderia enjoar, querer fazer pipi... Mas, para nossa surpresa, Spike já começava a dar sinal de que seria um cão um tanto quanto diferente. Não chorou nem reclamou em nenhum momento. Nós parávamos o carro, levávamos Spike até uma graminha, ele fazia as necessidades, eu dava água, ração, voltávamos para o carro, ele se aninhava na caminha e dormia. Paramos umas quatro vezes durante todo o retorno. Nem parecia que ele era tão pequeninho, de tão comportado.

Eu e George vínhamos conversando sobre Spike. Como seria nossa rotina, como seria seu temperamento, se seria fácil ensiná-lo...

Nicolle estava superansiosa, esperando por nós na casa da vovó. Eu sabia que ela iria ficar louca quando visse o nosso pretinho! Chegamos em casa de madrugada, nem pudemos buscá-la, pois ela já estava dormindo; não aguentara esperar por nós.

Estávamos exaustos, caindo de sono, loucos para pegar uma cama e capotar. Subi, coloquei Spike no nosso banheiro, na mantinha, deixando um pote com água, e forrei uma parte do local com jornal.

Fomos dormir; quer dizer, tentar dormir, porque quando coloquei a cabeça no travesseiro, ele começou a chorar. Era aquele chorinho de filhote quando percebe que está sozinho.

Levantei-me e fiquei com ele para deixá-lo mais tranquilo.

Quando ele dormia, eu saía pé ante pé para não acordá-lo e ia para minha cama. Quando eu estava quase pegando no sono novamente, ele chorava; uma maravilha! Assim foi a noite inteira. Sabe criança recém-nascida? Pois então, era igual. Aquele choro entrava no meu sonho quase a todo momento.

George de vez em quando acordava, ficava irritado, brigava comigo dizendo:

— Tá vendo? Eu falei que cachorro dava trabalho... Se arrependimento matasse... Eu não devia ter deixado vocês me convencerem... — E blá-blá-blá...

Bom, eu, mãe, sabe como é, acordava a toda hora para ficar com Spike.

Quando eu abria a porta do banheiro, ele já parava de chorar. Era só eu fazer um carinho em sua cabecinha que ele tornava a dormir.

E fiquei eu, morta de sono, dormindo em pé, ao lado dele para que pudesse ficar calmo e continuar dormindo.

Quase peguei meu travesseiro para dormir no banheiro ao seu lado. Teria ao menos conseguido dormir um pouco, mas com certeza arrumaria uma encrenca daquelas com George.

CAPÍTULO 4

Um novo sinal

Mal tinha conseguido pegar no sono e já estava na hora de acordar de novo. Era Spike chorando e Nicolle nos telefonando, ansiosa para conhecer seu cachorro.

Ela não se aguentava de tão curiosa e mal tinha conseguido dormir direito, tamanha era a euforia. Também, pudera. Assim como eu, sempre adorou cachorros e vivia com revistas sobre cães na esperança de um dia poder vivenciar a experiência de ter o próprio cão.

Ela nem acreditou quando ouviu o som do nosso carro, que chegara ao portão da casa da vovó. Mal conseguimos estacionar, e Nicolle já estava grudada no vidro, com as mãozinhas na boca e os olhinhos brilhando, próprios de uma criança quando ganha seu brinquedo tão desejado. Foi logo pegando o cachorrinho no colo, e ele já lambendo seu rosto. E ela... Ah! Feliz como nunca, dizendo-me:

— Mãe, ele é lindo demais!

E lá foi ela, toda faceira, apresentar seu cãozinho para a vovó e o vovô, pais do George.

Quando as duas cadelinhas da casa, Pandy e Dolly, viram aquela coisinha muito preta correndo para o quintal, saíram latindo e rosnando. Com certeza com muito ciúme do novo intruso. Não conseguiram fazer amizade, pois Nicolle nem as deixou chegar muito perto, com medo de que avançassem. Como elas se atreveriam? Afinal, ele era um filhotinho, embora fosse maior que elas.

Ficamos mais um pouco, e depois saímos para que os outros avós também pudessem conhecê-lo.

Depois de muitas voltas, com direito a uma passada na pet shop, onde compramos brinquedo, cama, ossinho, coleira, retornamos a casa.

Nicolle não desgrudava um minuto sequer dele. Estava encantada com Spike, e ele, encantado com ela também. Uma certa hora, quando Nicolle estava com ele no colo, chamou-me correndo, dizendo que achava que Spike havia comido uma caneta, pois estava com uma mancha escura no final da língua. Eu abri a boca de Spike e realmente confirmei, havia uma mancha azul-escura em sua boca. Preocupada, chamei George para verificar.

Não conseguia entender como ele poderia ter mordido uma caneta, que, por sua vez, estourara em sua boca. Não havia nenhuma caneta mordida por perto nem mancha no chão. Afinal, Nicolle estava o tempo inteiro cuidando dele e não viu nada, como poderia isso ter acontecido?

Quando George chegou, constatou que, embora parecesse mesmo uma mancha de tinta de caneta, era outra marca de nascença que Spike tinha.

Para saber que ele era mesmo um cachorro diferente, além da marquinha no umbigo, veio com um sinal na língua também.

Vai me dizer que isso não é mais um sinal de que ele é mesmo muito especial?

CAPÍTULO 5

Shopping center

Passamos no supermercado para fazer umas compras, e Spike ficou com Nicolle no carro. Ao voltarmos para casa, lembramos que precisaríamos passar no shopping para comprar um presente.

Nós tínhamos um aniversário à noite, e lá no Campeche, onde morávamos, devido às poucas opções de lojas daquela época, seria difícil encontrar alguma coisa para comprar.

Paramos, então, no shopping. Eu sabia que Spike teria que ficar no carro sozinho. Algumas compras ficaram no banco de trás do carro, porque já não tinha lugar no porta-malas.

Nessa época, como morávamos longe, e para não estar sempre indo e vindo, acabávamos carregando um armário dentro do carro.

Como ele ainda era pequeno, não alcançava a parte de cima do porta-malas, aquela que fica atrás do banco, então não vi problema algum em colocar as compras ali. Eram umas cinco sacolas mais ou menos, e as colocamos bem rentes ao vidro.

Dentro de uma delas tinha um pacote de pão do tipo bisnaguinha, que ele adorava. Mas fechamos bem, porque já tínhamos aberto para fazer um tira-gosto, para que ele não sentisse o cheiro.

Fechamos o carro e, enquanto nos afastávamos, eu ia olhando, mas tudo me pareceu tranquilo, achava que Spike não iria conseguir pular para abrir as sacolas.

Fomos bem rápido, compramos o que tínhamos que comprar e, quando estávamos pegando a escada rolante para subir, escutamos pelo alto-falante:

— Senhor proprietário do veículo Elba, placa tal e tal, favor comparecer ao estacionamento com urgência.

Eu e Nicolle saímos correndo, já apavoradas, pensando que tinham tentado roubar o carro, que havia disparado o alarme, aí nos lembramos de Spike, sim Spike...

Ao chegarmos perto do veículo, observamos que havia quatro seguranças grudados no vidro e rindo muito. Fomos nos aproximando e, quando abri o carro, o Negão já havia devorado todas as bisnaguinhas que restavam, e ainda estava com uma no canto da boca, como se fosse um cigarro. Quando eu gritei:

— Spike!

Ele me olhou com aquela cara, como se estivesse falando:

— Xiiii, sujou!

Os seguranças falaram que, quando viram a cena, um avisou o outro, porque estava muito engraçado, até que resolveram nos chamar pelo alto-falante.

Saímos de lá rindo muito e com a certeza de que, depois desse dia, nunca mais poderíamos deixar aquela criaturinha no carro sozinha com compras, ainda mais em se tratando de pão tipo bisnaguinha!

CAPÍTULO 6

A doença

Naquela época, em que Spike era pequenino, eu participava de provas de hipismo rural. Fui fazer parte de uma etapa em Indaial, Santa Catarina, e Pretinho, lógico, foi conosco.

De maneira alguma o deixaríamos em casa sozinho o dia inteiro, porque só voltaríamos à noite. Como Nicolle havia ido conosco, ela se revezava com George nos cuidados, enquanto eu ia competir.

Era uma trabalheira danada. Tinha que levar ração, pote para água, brinquedo. E como ele ainda era pequeno, e por recomendação do veterinário, não podíamos deixá-lo chegar perto de outros cachorros. Enfim, tínhamos que cuidar ao máximo.

Mas, num descuido nosso, Spike deve ter comido alguma coisa diferente.

Voltamos para casa, e tudo tranquilo.

No dia seguinte, ele não acordou bem. Não queria comer, vomitou muito, e tive que levá-lo ao veterinário.

Chegando lá, o médico me fez algumas perguntas, e diagnosticou infecção intestinal. Após a medicação, voltamos para casa. Fizemos tudo como nos foi orientado, dando o remédio na hora certa, tentando dar a comida, e nada de ele melhorar. Aquele cachorrinho serelepe estava amuado num cantinho, sem querer fazer nada. Ia se arrastando para porta, pedindo que a abrisse para ele fazer xixi. Eu colocava jornal e falava:

— Pretinho, pode fazer aqui mesmo, não tem problema, querido, não precisa ir lá fora.

Mas não tinha jeito. Mesmo debilitado e arrastando as patinhas, ele saía.

No dia seguinte, levei-o ao veterinário outra vez, porque não víamos melhora. E minha mãe sempre me ensinou: deu remédio e não melhorou, é porque alguma coisa está errada.

Chegando lá, foi Spike examinado novamente e teve que ficar internado. A infecção era muito forte e ele poderia até morrer.

Eu despenquei! Pedi pelo amor de Deus que o veterinário salvasse meu cãozinho. E ele falava para eu ficar calma, que tudo o que tivesse ao seu alcance ele faria.

Minha vontade era ficar na clínica ao lado dele. Mas não podia. Uma porque eles não me deixariam e outra porque eu tinha também a minha casa, minha filha e meu marido me esperando.

Voltei pedindo aos anjos que o protegessem e que desse tudo certo.

Todos nós estávamos arrasados. Era um vazio enorme. Olhávamos para todo canto, esperando vê-lo correr, querendo brincar. Tentando subir a escada, pegando sua bolinha, ficando louco com o barulho da ração no seu prato, brincando de esconder com Nicolle...

Eu não tinha vontade de fazer nada. Sempre fui muito otimista, mas o estado de Spike era muito delicado, e ainda era pequeno, sem muitas defesas, por isso não senti muita esperança na sua recuperação. O que nos restava era rezar e esperar sempre pelas notícias do veterinário.

Até que um dia ele me ligou dizendo que eu poderia ir buscá-lo, que Spike já estava liberado para ir para casa. Eu nem acreditei! A felicidade era tanta que comprei brinquedos, caminha nova, tudo para agradar ao nosso Pretinho.

Ele chegou em casa, andou por tudo, ainda um pouco debilitado, foi até a sua casinha, pegou seu brinquedo e veio ficar ao nosso lado, feliz como se estivesse agradecendo por ter conseguido voltar para casa.

Se nós já éramos apaixonados por ele, depois disso nosso vínculo ficou ainda mais forte. Não pudemos suportar a sua ausência.

CAPÍTULO 7

Agilidade para aprender

Quando Spike estava com mais ou menos uns cinco meses, bem na fase em que colocamos os cachorros em aulas de adestramento, Nicolle começou a ensinar alguns comandos para ele.

Ele era tão inteligente e rápido que ela o ensinava pela manhã e à tarde Spike já estava fazendo na maior facilidade.

A primeira coisa que Spike aprendeu foi dar a patinha. Era muito lindo ver, porque ele sabia dar as duas. Nós pedíamos uma e depois a outra, e ele ia alternando, como se fosse um robozinho.

Depois aprendeu a se sentar, deitar, arrastar, fingir-se de morto... Era incrível a facilidade que Nicolle tinha para ensinar, e ele, para captar com agilidade seus comandos.

A comunicação entre os dois era maravilhosa. Tanto que Nicolle nunca usou de agressividade para pedir a ele que realizasse as tarefas. Simplesmente dava um pedacinho de pão e, nossa, ele fazia qualquer coisa por um pãozinho! Lembra a história das compras no carro? Pois é, ele sempre foi louco por pão. Até hoje, Spike faz qualquer coisa para ganhar esse agrado.

Brincar de esconder era o que ele mais gostava. Nós fazíamos assim: enquanto eu ficava com Spike lá fora, Nicolle se escondia em algum lugar dentro da casa. Eu dava um tempo até que ela estivesse pronta, daí, então, falava para ele procurar Ni.

Então Spike saía correndo, cheirando tudo, e, não demorava muito, as gargalhadas dela já avisavam que ele havia acabado de achar seu esconderijo.

Ela também o ensinou a saltar varinhas. Como lá em casa todos nós fazíamos hipismo, é lógico que com Negão não seria diferente. Primeiro Nicolle começou colocando as varinhas bem baixinho e ia progressivamente aumentando a altura, quando sentia que ele já estava ultrapassando com facilidade.

Levamos Spike à Sociedade Hípica em Florianópolis, e Nicolle o fez saltar, definindo até um certo percurso. Claro que os obstáculos estavam numa altura legal para ele. Eles se divertiram muito com isso. Na época, nem conhecíamos as provas de Agility, feitas para cães. Com certeza, ele iria gostar, e ela seria uma boa instrutora.

Não sei quem exatamente o ensinou, mas Spike, quando começou a alcançar a pia do lavabo, nunca mais tomou água de outra maneira. Esperto como sempre foi, preferia, desde que aprendeu, tomar água sempre fresquinha.

Até hoje é assim. Quando ele quer tomar água, fica parado na frente do lavabo até que alguém o veja e abra a torneira. Isso é até legal, mas quando fazemos alguma festa lá em casa, e Spike está com sede, se alguém vai ao banheiro, não faz cerimônia, entra junto também.

Muitas vezes ficamos preocupados, quando está calor e ele vai ficar em casa sozinho. Não adianta deixar pote com água, ele não toma.

E para fazer as suas necessidades? Desde cedo aprendeu a fazer na grama, ou melhor, no mato, e sempre foi assim. Nunca nos deu trabalho, a não ser em dias de chuva. Dava vontade de falar para ele fazer no jornal. Mas nunca falamos, porque seria impossível. E lá íamos nós, de guarda-chuva, à noite, de madrugada, a hora que fosse, levá-lo para passear. E ele sempre esperava.

Nunca tive que limpar nada lá em casa, a não ser muitos pelos pretos. A única coisa que ainda faço umas duas vezes por dia. Varro tanto pelo que, quando eu recolho com a pá, eu falo que estou varrendo outro cachorro.

Uma vez Nicolle, ao sair da clínica com Spike, encontrou um adestrador que viu suas habilidades, e quando lhe falou que ela o havia ensinado e o tempo necessário, ele não acreditou. Mesmo sabendo que era labrador, e que esses cães são extremamente inteligentes, disse que Spike de fato era um cachorro muito especial, o que a deixou muito faceira com o elogio.

Na verdade, sempre tivemos uma boa comunicação com Spike. Acho que o desenvolvimento sadio de nossos cachorros depende da maneira como os tratamos. Se estimularmos seu aprendizado, eles vão responder positivamente a qualquer pedido nosso.

CAPÍTULO 8

Tombo no campinho

Nicolle devia estar com mais ou menos uns nove anos, e Spike ainda era um filhotão. Adorávamos, no final de semana, ir os três passear com ele nas dunas e também num enorme campo gramado, onde é praticado aeromodelismo até hoje. O autor do livro *O Pequeno Príncipe*, Saint-Exupéry, aterrissou nesse campo, que era perto da nossa casa, no Campeche. Então íamos passeando com ele na coleira até lá, e quando o soltávamos era aquela festa.

Spike adorava sair correndo atrás dos quero-queros, brincar com a bola, com pedaços de galho que encontrava. Tudo era brincadeira. Era tanto espaço, e ele se via com tanta liberdade, que não sabia para que lado correr.

Muitas vezes levávamos *frisbie* para brincar com ele. Nós atirávamos, e Spike voltava com o brinquedo na boca para nos entregar e jogarmos outra vez. Ele não se cansava.

Outras vezes era bola, com o que sempre gostou de brincar. Mas o problema era quando queríamos jogar futebol, pois ele monopolizava a bola, segurando-a com os dentes.

Tinha tanta energia para brincar que quando voltávamos para casa, depois de ter corrido um bocado, ele capotava no maior sono.

Uma vez Spike encontrou um bezerrinho. Achou aquele amigo um tanto diferente, mas os dois se entenderam muito bem. Trocaram muitas lambidas. O bichinho estava preso em uma corda, e, quando Spike corria, ele conseguia ir até certa distância, depois ficava esperando ele voltar para correr para o outro lado. Deu-me uma vontade enorme de soltá-lo, mas já pensou se o dono dele chegasse, em que confusão eu iria me meter?

Certo dia, Nicolle estava correndo com ele pelo campo, quando parou para descansar. Eu e George estávamos sentados em um tronco de árvore observando, admirando os dois se divertirem. Então George deu um assobio para que Spike viesse. Ele saiu correndo e, estabanado do jeito que sempre foi, veio ao nosso encontro, passando por entre as pernas de Nicolle, fazendo-a cair fortemente ao chão. Nós saímos correndo para acudi-la; ela caíra de costas, e, com a pressão do tombo e o susto que ela levara, não estava conseguindo respirar direito. Por sorte, não foi nada sério, mas quando a vi cair fiquei em pânico.

O nervosismo passou, e Nicolle já estava rindo do tombo, quando nos demos conta de que Spike não estava por perto. O campo era enorme. Olhávamos para todo lado, e não víamos nosso Neguinho. Eu fui para um lado, George e Nicolle para outro, e nada de ele aparecer. Ficamos um tempo procurando, e nem sinal. Nosso medo era de que houvesse seguido a estrada geral da praia, que ficava perto, que tivesse ido atrás de alguém, atrás de outro cachorro, sei lá; estávamos muito preocupados.

De repente, Nicolle viu uma mancha preta perto de um arbusto. Só poderia ser ele, tinha que ser ele; e de fato o era.

Quando chegamos perto, estava o brincalhão com o focinho todo sujo de areia ao lado de um buraco enorme que já havia cavado. Alguma coisa chamara a atenção dele para lá, e, distraído, brincava na areia.

Sorte nossa e dele também.

Ao voltarmos para casa, Spike foi direto para o chuveirão tomar aquele banho, porque estava branco de tanta areia. Acabamos todos acompanhando-o na chuveirada, e foi aquela bagunça geral.

CAPÍTULO 9
Plantas para todo lado

Para onde eu ia, sempre carregava Spike comigo. Não achava legal que ele ficasse em casa sozinho por longos períodos. Mas nem sempre dava para eu ficar com ele a tiracolo.

Como eu não gostava de deixá-lo preso no lavabo, ou na área de fora da casa, pois achava que alguém poderia pegá-lo, permitia que ficasse livre pela sala de TV.

Às vezes eu não tirava nada do lugar, pois sempre achei que, se o nosso objetivo era que ficasse dentro de casa, teria que se acostumar com os objetos nos seus devidos lugares.

Na sala de TV eu tinha algumas violetas em cima da mesa lateral, além de alguns enfeites. Então, sempre que chegávamos em casa, era aquela expectativa para ver se estava tudo certo, se não havia nenhuma bagunça.

Spike ficava sozinho por um curto espaço de tempo, mas aos poucos aumentávamos esse período.

Um dia nos esquecemos do horário, e, quando percebemos, Spike já havia ficado mais de duas horas sozinho. Fiquei muito preocupada, mas, como estávamos perto, não demoramos muito para chegar em casa. Desci do carro e fui correndo abrir a porta. Já sabia que seria muita sorte nossa se estivesse tudo no lugar.

A frente da casa, na sala onde ele estava, era toda de vidro. Assim, nem precisei abrir a porta para ver o estrago. Era violeta e terra para todo canto. Entrei em casa, e ele veio logo abanando o rabinho, com uma plantinha na boca, como se quisesse me presentear com a florzinha.

Foi difícil brigar naquela hora, mesmo porque chegamos muito depois de a bagunça ter sido feita, mas mostrei para ele que não era para mexer nas plantas, ajeitando as que haviam sobrado nos seus devidos lugares. Haja paciência!

Perdi muitas plantas, alguns óculos, sandálias esquecidas, pantufas... Aquelas em formato de bichinhos eram as de que ele mais gostava. Mas, quando George esqueceu a carteira dele em casa, finalmente conseguimos dar o flagrante. Abrimos a porta bem na hora em que Spike ia começar a comer o talão de cheques, porque o pouco dinheiro que tinha (ainda bem), ele já havia rasgado. A carteira, porém, já estava em frangalhos! Lógico que na mesma hora ralhamos com ele, que foi se esconder embaixo da mesa. Era seu refúgio nas horas de aperto.

Mas terra era com ele mesmo. Tanto que eu não podia plantar nada no canteiro atrás de casa, onde às vezes Spike ficava. Ele cavava tudo, jogando terra para todo lado. Era só eu tentar colocar uma planta nova que, quando eu olhava, lá estava ela desenterrada. Daí sempre, ao chegar em casa, já ia me preparando para ver o que ele poderia ter mexido ou destruído.

Realmente não é nada fácil educar um filhote, pois está sempre pronto a encontrar coisas novas em seu caminho que, com certeza, despertarão sua curiosidade.

Os labradores, em especial, são cachorros extremamente brincalhões e, como são muito inteligentes, sabem respeitar limites quando impostos. O que não pode acontecer é deixá-los muito tempo sozinhos. Como não convivem bem com a solidão, vão sempre buscar um jeito de chamar a nossa atenção.

Aos poucos, com muita sorte nossa também, Spike foi entendendo em que ele podia ou não mexer. O que nunca passou despercebido por ele foram panos de limpeza ou tapetes pequenos. Qualquer tipo de tecido que estivesse a seu alcance bastaria para que saísse desfilando pela casa. Acho que Spike sempre pensou que isso era brinquedo.

Mas minhas plantinhas... Ah, essas ele logo aprendeu que teria que deixar crescer sem as marcas dos seus dentinhos.

CAPÍTULO 10

Cinto de segurança

Spike já era maiorzinho, mas mesmo assim vivia de carro para cima e para baixo comigo. Ele sempre ficava no banco de trás, mas volta e meia queria passar para o da frente quando estava vazio. Eu brigava com ele para que voltasse, e ele me obedecia.

Até que um dia não teve jeito, Spike resolveu me acompanhar sempre sentado ao meu lado.

Como ele tinha resolvido por conta própria que se sentaria na frente quando o banco estivesse desocupado, eu resolvi também por minha conta colocar o cinto de segurança nele.

Spike se sentou no banco e não foi fácil fazê-lo entender que tinha que ficar com uma faixa segurando seu peito.

Primeiro ele achava aquela coisa um tanto incômoda, mas depois, toda vez que eu chegava no carro, ele pulava para o banco da frente, e eu já avisava que tinha que pôr o cinto. Assim que eu o colocava, ficava quieto, até parar o automóvel, pois ao estacionar e me posicionar para sair ele já ficava agoniado para ir junto.

Um dia, vínhamos eu e ele belos e formosos quando percebi que a polícia estava fazendo uma blitz. Ao passar por ela, um guarda fez sinal para eu encostar. Eu conversei com Negão dizendo a ele que ficasse quietinho.

Parei o carro, e o guarda me pediu os documentos. Eu os entreguei, e ele se afastou, conversou com outros guardas... Notei que algo estava errado, pois dessa vez não apenas um guarda voltava para falar comigo. Mas não podia ser, nada estava errado, minha carteira estava ok, os documentos do carro todos em dia, o carro era meu. Que coisa mais estranha!

Ao ver aquela montoeira de guardas que mais parecia um batalhão, fiquei tremendo, até que um deles me devolveu os documentos dizendo estar tudo certo. Uma sensação de alívio tomou conta de mim, mas não entendi por que eles continuavam ali grudados no meu carro. O grande motivo chamava-se Spike. Ele chamou tanto a atenção por estar de cinto de segurança que o guarda que falou comigo comentou com os outros, que tiveram que acompanhá-lo até nós para ver aquilo de perto.

Daí ficaram me perguntando se ele andava sempre assim, se ele ficava sempre quieto, que nunca tinham visto nenhum cachorro usando cinto de segurança, e eu respondendo a tudo, e Spike, como sabia que era sobre ele que falávamos, começou a se exibir. Já estava querendo fazer alguma gracinha, mas o cinto atrapalhava em tudo. Saí de lá rindo um bocado.

Essa história virou sensação lá em casa. E com certeza na casa de cada guarda também!

CAPÍTULO 11

A escada

Em nossa casa no Campeche havia uma escada em forma de caracol que dava acesso aos quartos. As escadas em caracol são complicadas de subir, e cachorros grandes e essa escada definitivamente não combinam.

Como Spike sempre foi muito grudado conosco, quando um de nós subia, ele ficava lá embaixo chorando, tentando subir, mas nunca passava do primeiro degrau.

A agonia dele era tanta, pois nunca suportou ficar sozinho, que não conseguia ficar tranquilo em um lugar enquanto nós estivéssemos em outro.

E a escada dificultava a companhia dele ao nosso lado.

Às vezes, um de nós o pegava no colo e subia. E acabávamos nos arrependendo porque depois tínhamos que descer com ele também, porque nessa hora o santo não ajudava; era sempre mais difícil.

Várias vezes o pegávamos tentando vencer um degrau, mas o medo da escada o impedia de continuar.

Ele ainda era filhotão, mas já um tanto pesado, então deixávamos Neguinho chorando lá em baixo mesmo, porque ficar com ele para cima e para baixo naquela escada em caracol não dava.

Acabávamos sempre o estimulando a subir, fazendo com que adquirisse confiança, pois ficávamos com pena e não aguentávamos a choradeira. Ele ia tentando, mas resultava sempre em desistência.

Acho que um dia Spike criou coragem para enfrentar o obstáculo e seguiu em frente. E foi subindo, apoiando-se primeiro com a cabeça no próximo degrau, para depois colocar as patinhas, e assim conseguiu vencer todos, ultrapassando as dificuldades. Subiu de uma vez só, pois não podia parar, senão travava.

Mas e agora, para descer?

Tivemos que deixá-lo descer sozinho. George foi na frente, dando o apoio para ele, fazendo-o adquirir confiança.

Era muito bonitinho ver como Spike subia, sempre apoiando sua cabeça antes de dar o primeiro passo. E depois que aprendeu a subir e descer, já não era mais novidade.

Mas um dia eu deixei cair uma caixa enquanto subia, e me esqueci de voltar para pegá-la. Nisso, ele estava vindo atrás de mim, como sempre, quando escutei seu choro. Fui até a escada, e caí na risada quando vi Negão bem no meio dela chorando porque não conseguia subir nem voltar os degraus avançados. A caixa estava atrapalhando o próximo degrau que ele queria subir. Ficava colocando a patinha para tentar ver se conseguiria passar pela caixa, mas via que não tinha espaço e desistia. Eu falava para ele subir, e ele não conseguia, só chorava. Geralmente essas escadas são vazadas, o que o deixava com mais medo ainda. Até que eu tirei a caixa e Spike subiu.

Mas era sempre muito engraçado, porque, quando nós subíamos a escada e escutávamos um choro dele lá embaixo, podíamos ter certeza de que algo o estava atrapalhando. E não precisava ser alguma coisa muito grande, que cobrisse todo o degrau, bastava ser qualquer objeto, mesmo que pequeno, que ele empacava. E lá íamos nós tirar o "tal empecilho" para que Neguinho conseguisse subir.

Quanta manha!

CAPÍTULO 12

Aquela bufada

Desde pequenininho Spike me acompanhava no meu trabalho, uma confecção. Eu ficava às vezes o dia inteiro, e ele junto comigo. Foi lá que aprendeu a fazer as suas necessidades na grama de um terreno desocupado bem na frente do meu trabalho.

Quando percebia que ele estava cheirando e dando umas voltinhas em círculo, lá ia eu carregando-o no colo, correndo para soltá-lo na grama.

Depois já estava tão acostumado que, quando ele ia para a porta, eu já sabia que Spike queria passear. A paciência realmente foi fundamental nesse aprendizado. Nunca fui paciente, e isso eu aprendi a ser um pouco, com ele.

Mas ensinar que pum ele tinha que segurar, isso eu não podia!

Um dia eu estava na minha sala de trabalho aguardando um fornecedor de tecidos, com Spike deitado, a sono solto, do meu lado.

Quando a secretária avisou que o fornecedor havia chegado, tratei de avisar Negão para ficar quieto, não pular, enfim, que ele ficasse comportado.

Comportado coisa nenhuma. Lógico que Negão pulou, cheirou, tentou achar qualquer coisa para pegar e mostrar para o novo amigo que queria brincar. E este, a princípio, ficou um pouco receoso, pois Spike, sendo preto e grande, principalmente para quem não conhece a raça, acaba assustando mesmo. Mas logo se acostumou.

Quando o amigo deixou de ser novidade, Spike se deitou de novo ao meu lado para continuar a soneca que fora interrompida.

Estávamos conversando, e eu escolhendo os tecidos, e de repente um cheiro horrível e desagradável tomou conta do ar da sala em que a gente estava. O silêncio deixou em suspenso o diálogo, para ficarmos, eu e o fornecedor, com aquela cara de tacho querendo dizer:

— Não fui eu!

Claro que não era o moço. Já conhecia, e muito, as famosas bufadas de Negão, que chegavam a arder no nosso nariz. Mas e o moço? Com certeza devia estar se perguntando:

— Será que foi ela ou o cachorro?

Aquela dúvida que não pode ser esclarecida. Já pensou, eu falando com aquela cara mais sem graça do mundo:

— Ah... Foi meu cachorro!

Ia parecer aquela famosa piada "Sai daí, Totó!". Que mico!

Não podia acreditar que Spike estivesse me fazendo passar por uma vergonha daquelas. Não foi uma vez só, ele nos presenteou com o cheiro "agradável" por mais algum tempo.

Eu já não estava aguentando mais. Primeiro queria matar Negão pela situação, mas ao mesmo tempo estava louca de vontade de rir, pela cara de disfarce que tanto eu quanto o fornecedor estávamos fazendo.

Até que resolvi chamar a secretária, meu braço direito àquela altura, para dar uma voltinha com Spike.

Mas a situação ficou pior: quando ela abriu a porta e sentiu o aroma do ambiente, segurou a respiração com as bochechas cheias de ar e aqueles olhos arregalados, e morta de vontade de rir. Mas isso tudo só eu presenciei, pois o fornecedor estava de costas para ela e de frente para mim, que acabei soltando *aquela* gargalhada.

Quis me enfiar debaixo da mesa, tamanha era a vergonha.

Acabei não falando nada, pois a emenda, tal como o ditado, seria pior que o soneto.

E ele provavelmente saiu de lá na dúvida de se tinha sido o cachorro ou eu o autor dos puns.

CAPÍTULO 13

Primeira fuga

Depois que Nicolle havia ensinado Spike a saltar varinhas, o muro que dividia o nosso terreno com o do vizinho já tinha ficado fácil demais. Tanto que tive que dificultar seus saltos colocando uns tijolos por cima.

O portão de madeira que dava acesso à rua era maior que o muro e o acabamento era arredondado. Acho que isso dificultava sua possível escapada lá de casa.

Certo dia, eu estava no andar de baixo, na cozinha, quando senti falta de Spike. Ele sempre foi muito companheiro e, onde quer que estivéssemos, estaria sempre junto.

Chamei por ele em todos os cantos da casa, e nada. Não vinha. Quando me dei conta de que Spike não estava em casa, fiquei apavorada e fui até a frente de casa correndo, na esperança de que estivesse por lá. Nada, ele não estava. Um vizinho falou que o tinha visto seguindo um senhor com um cachorrinho na coleira. Peguei o carro e, aos prantos, saí em busca do senhor fujão. Sentia muito medo, pois ele poderia ser atropelado ou, como é muito bonito, alguém poderia ficar com ele.

Parava em todos os lugares e perguntava por ele. Descrevia suas características, e algumas pessoas falavam que tinham acabado de ver um cachorro preto seguindo um senhor com um cachorrinho. E lá ia eu, acelerando, descontrolada, para ver se conseguia achá-lo.

Após várias tentativas, andando para lá e para cá, resolvi ligar para George. Ele, com toda a calma do mundo, falou-me para que voltasse para casa, que não demoraria muito para ele aparecer. Que eu tinha que ter calma, porque ficar como uma barata tonta procurando é que não ia adiantar nada...

Eu não podia entender como George conseguia ser tão calmo, e ele provavelmente não estava entendendo por que eu estava tão nervosa.

Voltei para casa, e a rua inteira estava mobilizada à procura de Spike. Desci do carro, e aí é que fui perceber que, devido ao meu descontrole, saí de casa de pijama e toda descabelada, porque minha vizinha resolveu me falar.

Quanta vergonha! Entrei em casa correndo, troquei de roupa e voltei para a frente da casa assobiando, chamando por Negão, e nada de ele aparecer.

Quanto desespero! Como é horrível perder alguém!

As pessoas já tinham desistido de procurar, e me consolavam dizendo que ele voltaria, mais cedo ou mais tarde.

Que consolo que nada. Mas eu não tinha mais o que fazer senão esperar que ele voltasse.

Quando já havia passado umas três horas, mais ou menos, eis que me aparece, na maior cara de pau, o senhor fujão. Vinha cansado, sujo, e ainda pulou o portão de madeira; pode?

Eu estava entre a felicidade e a raiva ao mesmo tempo. Não sabia se brigava por ele ter fugido ou se ficava feliz por ter voltado.

Só sei que quando Spike chegou, eu o tranquei na área detrás da casa e o deixei lá até a hora em que George chegou.

Quando o deixamos entrar em casa, ele veio com suas orelhas baixas, aquele olhar arrependido, e a gente falando:

— Nossa, Negão, que coisa feia!

Ele não sabia o que fazer para agradar. É lógico que não pudemos resistir à cara de repreensão por muito tempo. Mas depois desse dia, ficamos sempre alertas, porque outras fugas provavelmente viriam.

CAPÍTULO 14

Larrrrga o pano, Spike!

Toda vez era a mesma coisa. Marilene ia fazer faxina lá em casa, e lá estava Spike pronto para pegar os panos de limpeza.

Era só ela se distrair, e Negão roubava seu pano e saía pela casa, na esperança de que Marilene viesse atrás dele. Até hoje, acho que essa é uma de suas brincadeiras favoritas.

Ela era um tanto séria, e nunca conseguiu entrar na onda dele. Por mais que Spike tentasse descontraí-la, deixá-la um pouco mais solta, continuava sempre com seu jeito meio sisudo.

Assim que ele pegava algum pano, saía atrás dele repetindo com um sotaque um pouco travado:

— Larrr... ga o pano, Spike, larrr... ga o pano!

Ele não estava nem aí. Continuava correndo e achando que eles dois estavam na maior brincadeira.

Certo dia, ela limpava o chão da cozinha e, num momento de descuido, eis que surge Spike, que, como de costume, roubou-lhe o primeiro pano que viu e saiu em disparada, balançando a cabeça com o pano para lá e para cá. Ela saiu atrás dele pedindo para que o largasse.

Acho que essa foi a única frase que Marilene conseguiu falar para Spike durante todo o tempo em que trabalhou lá em casa.

Então, não sei que disposição ela teve naquele dia que resolveu entrar no jogo dele. Ele corria, parava, esperava Marilene chegar quase perto, e, quando ela achava que pegaria o pano, Spike saía correndo novamente. A cena deveria estar gozada, porque ela era alta e magra, um pouco desajeitada para ficar brincando de correr.

Pois bem, só que numa tentativa dela de tirar o pano dele, não percebeu um balde de água que estava bem atrás de Spike e, quando fez o movimento para segurar o pano, ele saiu, fazendo com que ela tropeçasse no balde. Foi água para todos os lados, e Marilene se esborrachou no chão. Nessa hora, ele veio para perto dela, que caiu na gargalhada. Como a minha casa, na parte de baixo, era toda aberta, meu vizinho depois me contou que havia assistido a toda a cena de camarote.

Eu queria ter estado em casa naquele momento para ver a cara de assustada dela, e a cara de sem-vergonha de Spike.

Só sei que depois desse dia pensei que Marilene pediria as contas, mas, para minha surpresa, ela continuou trabalhando lá em casa por um bom tempo ainda.

E toda vez que eu ia abrir a porta para recebê-la, ela já esperava ver Spike com um pano na boca e esboçava um sorriso ainda um pouco sem graça, de quem estava aprendendo a sorrir. Entrava em casa e saía falando a mesma frase:

— Larrrrga o pano, Spike!

É incrível ver o poder que Spike tem de fazer amizade. Sempre conseguiu conquistar todo mundo com seu jeito brincalhão. Até ela, que tinha a cara amarrada, não sorria quase nunca, rendeu-se aos seus encantos!

É como se ele quisesse sempre dizer:

— A vida passa tão rápido, por que temos que levar tudo tão a sério?

CAPÍTULO 15

O Shirlei

A frase de que Spike mais gostava de ouvir era:
— Vamos passear, Negão?

Ele já saía correndo em disparada para pegar a coleira, que normalmente estava na área de serviço, e que sempre foi seu objeto preferido, pois estar com ela era conhecer algum lugar novo, outros amigos, cheirar tudo o que visse pela frente, correr. Ela sempre lhe proporcionou novas descobertas.

Muitas vezes, quando Spike não queria mais comer a ração que tinha sobrado, eu colocava seu prato na janela da área de serviço, evitando que as formigas invasoras fossem saboreá-la também.

Um dia coloquei o prato, que era feito de alumínio grosso e pesado, na janela da área, mas não percebi que a coleira estava pendurada embaixo.

George chamou Preto para passear e pediu a ele que buscasse a coleira. Eufórico, como fica sempre que o assunto é passeio, foi logo pegar o adereço, quando George escutou um barulhão.

Chegando à área, a coleira estava no chão, o pote de alumínio também, e Spike, com a patinha levantada. George viu que ele não a encostava no chão, e choramingou quando tentou tocá-la para examinar.

Então percebeu que só poderia ter deixado o pote de alumínio cair sobre sua pata, e, como era muito pesado, poderia tê-la quebrado.

O passeio, em vez de ser na rua, como ele gostava, foi trocado por uma visita ao veterinário.

Chegando lá, depois de feitos os exames de radiografia, o veterinário concluiu que era somente uma luxação. Não teria maiores problemas, a não ser que ficaria mancando até sentir segurança para colocar a patinha no chão.

Fez um enfaixamento de gaze em sua pata e colocou uma pomada com cânfora.

Voltamos para casa. Spike nos olhava com a cara mais sofrida deste mundo. Depois saía mancando pela casa, sem conseguir encostar a patinha no chão.

Quando andava, quer dizer, quando mancava, a patinha afetada ficava bem alta, parecendo que não a queria encostar em nada. A gaze que a estava envolvendo fazia-o estranhar um pouco, pois começou a andar com a pata mais alta.

Ficou assim por alguns dias, e, enquanto mancava, demos-lhe o apelido de "O Shirlei", personagem de uma novela que mancava de uma perna.

Em vez de o chamarmos de Spike, naqueles dias foi chamado de "O Shirlei". Era "O Shirlei" para cá, "O Shirlei" para lá. E o mais gozado é que ele nos atendia.

Depois disso, nunca mais coloquei o pote na janela, com medo de machucá-lo outra vez, ou a alguém.

CAPÍTULO 16

Primeira namorada

Sempre que me encontrava com o veterinário da clínica aonde levávamos Spike, ele falava que, assim que soubesse de uma labradora que pudesse cruzar, nos avisaria.

Bonito como sempre foi, não foi difícil encontrar uma cachorrinha que se interessasse por Spike.

O dia foi marcado, e o levei à clínica para conhecer sua futura namorada. O encontro seria ali mesmo. Ao chegarmos, disse a ele para se sentar, pois a namorada já estava vindo. Ele se sentou, mas estava indócil. Sabia que esperava alguma coisa, só não sabia o quê. Então ficava sentado e não tirava os olhos da porta. Eu estava agoniada, pois não sabia qual seria sua reação assim que a cachorrinha chegasse. Spike estava lindo e cheiroso!

O nome da futura mãe dos seus filhos era Ênia, e, quando ela saiu do carro, ali na sua frente, ele enlouqueceu. Ela era uma linda e meiga labradora amarela, que, antes de colocar sua patinha na clínica, parou, olhou para aquele cachorro grande, nervoso, que ficava pulando como uma pipoca, e com certeza deve ter pensado: "Ele é muito lindo, mas será que estabanado e agitado assim vai conseguir me conquistar?".

Spike já queria ir correndo ao seu encontro. Tive que segurá-lo com força para que a labradora não se assustasse com a maneira como a estava recebendo.

Ele me obedeceu e, quando estava mais calmo, soltei-o para que eles pudessem se cheirar e se conhecer melhor. E assim aconteceu: cheiraram-se muito, parecendo que a química entre os dois funcionara, e que o namoro provavelmente daria certo. Senti, então, que estava tudo bem com o casal, e deixei Spike na clínica, voltando no dia seguinte para buscá-lo.

Quando cheguei, Negão estava cansado, e o veterinário falou que agora era só esperar para ver se ela tinha engravidado, e que dentro de uns dois meses nós já poderíamos conhecer os filhotes.

Deu realmente tudo certo. Ênia conseguiu engravidar, e depois do tempo previsto deu à luz sete lindos cachorrinhos. Seis eram iguais à mãe, bem amarelinhos, e um só, destoando dos demais, igual ao pai, bem pretinho.

No mesmo dia em que o dono dela me avisou que eles haviam acabado de nascer, eu e Nicolle fomos lá conhecer a ninhada.

Ficamos um tempão admirando os cachorrinhos. Eles nem tinham aberto os olhinhos ainda, mas nós, xeretas, já estávamos lá.

Ênia se mostrou uma mãezona. Era sua primeira cria, devia estar encantada com os filhotes. Ficava o tempo todo ao lado deles, mas não ficou brava nem desconfiada com a nossa presença.

Eu e Nicolle fomos algumas vezes visitá-los, e eu ficava tão boba com os cachorrinhos que não tinha vontade de ir embora. Era muito engraçado ver um monte de bolinhas amarelas com uma bolinha preta perdida no meio.

É claro que o filhote que escolhemos foi o pretinho igual a Spike. Mas não ficamos com ele, pois não tínhamos condições de criar outro cachorro. Acabamos vendendo-o para um casal com dois filhos, apaixonados por cachorros e que estavam procurando um exatamente com aquelas características.

Depois dessa namorada, vieram outras, e mais outras. Todos os filhotes sempre foram muito lindos. E em toda ninhada sempre nasceram amarelos de várias tonalidades e pretos. Na última ninhada que ele teve, dessa vez com Lua, nasceu uma cachorrinha chocolate, muito linda.

Sempre tive vontade de ficar com um filho dele, mas George nunca deixou. Aposto que, se eu trouxesse algum, provavelmente não o deixaria ir embora.

Na próxima cria, com certeza, nós ficaremos com um filhote seu. E tomara que seja igualzinho a ele, tanto nas características físicas quanto na inteligência e no caráter.

CAPÍTULO 17

Novas amiguinhas

Morávamos no Campeche, era uma noite muito chuvosa, eu e Spike voltávamos para casa de carro.

Fazia uma das curvas da lagoa da Conceição quando vi uma cena que me impressionou muito, ainda mais por não ter conseguido fazer nada.

O que eu vi foi um gatinho olhando seu irmão que certamente acabara de morrer atropelado. A rodovia estava muito movimentada, uma chuva despencando. Como eu podia parar para ajudar? Spike jamais gostou de gatos. O que eu poderia fazer naquele momento?

Fiquei sem ter como ajudar, apenas rezando para que alguma alma caridosa pudesse salvar ao menos o outro gatinho que estava prestes a morrer também atropelado.

Voltei para casa chorando, com aquela imagem que não saía da minha cabeça, e jurei que o próximo bichinho abandonado que visse eu ajudaria. Fosse em qualquer situação que me encontrasse, teria que dar um jeito.

Um dia, estava limpando o jardim da frente de casa, quando vi passar um poodle, que parecia ser um filhote abandonado; lembrei-me da cena dos gatinhos e chamei

Nicolle para ir atrás dele. Ela pegou sua bicicleta e saiu correndo para ver se encontrava o cachorrinho.

Para minha surpresa, ela não voltou com o poodle, mas com duas cadelinhas pretas, muito pequenas, que ela mal conseguia equilibrar na bicicleta.

Acho que o poodle não estava abandonado, nem era filhote. Já era pura imaginação da minha cabeça. Agora tenho a certeza de que ele foi um sinal para que eu pudesse ajudar, e me livrar um pouco da culpa que carregava por não ter salvado aquele gatinho.

Nicolle veio com o sorriso na orelha, dizendo:

— Mãe, olha o que eu encontrei.

Mas e agora? O que íamos fazer? Por sorte George não estava em casa, e nós teríamos um tempo para pensar numa solução.

Colocamos Spike preso na área do lado da casa, porque não sabíamos qual seria a reação dele. Arrumamos uma caixinha, com alguns paninhos, fizemos uma cama, limpamos, esquentamos leite e colocamos as duas no lavabo. Eram duas coisinhas muito indefesas. Nós só pensávamos em como seria quando George chegasse. Ele era louco por bichinhos também, mas se não fosse um pouco mais duro conosco, com certeza nossa casa viraria um zoológico.

Preto já estava indócil do lado de fora e começou a chorar. Então o soltamos, e fomos conversando...

— Negão, elas são amiguinhas.

Ele, muito grande e meio estabanado, poderia machucá-las.

Spike cheirou, abanou o rabo, e olhava para nós como se quisesse falar:

— Quem são essas meninas? Eu posso brincar? Solte-as, vai!

Soltamos, enfim, as cachorrinhas. Eles se cheiraram, e, quando elas chegavam bem perto dele, Spike dava um pulo, como se tivesse levado um choque. Era muito engraçado. Até que ele virou de barriga para cima, elas chegaram perto e ele deixou. Estava ali se firmando uma nova amizade.

George chegou... E agora?

Depois de tudo explicado, ele nos falou que teríamos que arrumar um dono para elas. Mas não pôde resistir quando Spike saiu, pegou seu osso, e, chegando perto delas, o largou, empurrando-o com o focinho para que elas o pegassem. Foi um gesto lindo, de puro amor e desprendimento. Ele queria compartilhar com elas seu brinquedo preferido.

Nós nos olhamos e quase que no mesmo momento falamos:

— Só ele mesmo!

Ficamos assim alguns dias. Ele, feliz com as novas amigas, eu e Nicolle tendo que nos revezar com os cuidados e a limpeza do lavabo, em função de Pepê e Neném... Isso mesmo, o nome delas era em homenagem àquelas irmãs cantoras.

Espalhamos pela vizinhança sobre as cachorrinhas, e não demorou muito para aparecer um candidato, que quis ficar com as duas.

Era ao mesmo tempo um alívio e uma saudade delas!

Para Spike, com certeza, ficou um vazio por um tempo, porque depois delas vieram outras e mais outros.

CAPÍTULO 18

Uma doce lambida

Spike sempre foi muito dócil com todas as pessoas com as quais convivíamos. Sua presença era de praxe em todas as festas e reuniões que frequentemente aconteciam em nossa casa. Todo mundo que entrava lá em casa era amigo. Ele nunca latiu para ninguém, muito menos se mostrou agressivo. Labradores têm uma forte adoração por crianças, porque eles são crianças a vida toda. Por isso, nunca nos preocupamos quando alguma aparecia lá em casa.

Um dia, como de costume, fizemos uma reuniãozinha, e um casal amigo nosso levou sua filhinha, que estava com uns oito meses, bem naquela fase em que elas começam a engatinhar. Não vimos problema em deixar Spike livre na casa, porque já tinha passado aquela fase de pular em todo mundo que chegava. Como estávamos sempre por perto dele, respeitava só pelo olhar de George. Apenas mostrava seu contentamento com as visitas cheirando, abanando muito o rabo, e grudando nas pessoas em quem ele sentia alguma reciprocidade.

Quando esse casal chegou, é claro que o bebê chamou mais a sua atenção. Este sorria para Spike, balançava as mãozinhas, numa euforia, sem demonstrar medo algum. Ele estava também hipnotizado pelo bebezinho.

Outras pessoas iam chegando, mas as atenções dele eram só para o neném. Aonde o casal ia, ele estava atrás. Não saía de perto da criança.

Como ela estava na fase de descobrimentos, ficava engatinhando pela sala sob os olhares atentos da mãe e de Spike.

Cada vez que ele se mostrava a avançar o sinal, George chamava a atenção, e ele respeitava. Mas a garotinha ficava engatinhando para lá e para cá. E num determinado momento, quando Spike estava deitado embaixo da mesa da sala, ela foi engatinhando ao seu encontro. Ele, embora louco para se mexer, respeitou, olhando para nós como se quisesse falar que, se ela chegasse muito perto, ele não aguentaria. Com certeza, estava louco de vontade de dar uma lambida, a coisa que mais gostava de fazer.

Ela veio engatinhando, parou, olhou para ele, e foi chegando cada vez mais perto.

Nós só ficávamos observando, e George falava:

— Negão, comporte-se!

Mas quando o bebê chegou cara a cara com ele, Spike não resistiu e, num ato de puro carinho, lançou mão de uma doce e caprichada lambida no seu rosto, fazendo a menininha dar boas e gostosas gargalhadas.

Nós olhamos para ele num ato de reprovação, mas o seu olhar dizia:

— Poxa, gente, eu não sou de ferro!

Nós todos não resistimos e rimos muito também, pois as caras de satisfação dele e do bebê foram contagiantes.

CAPÍTULO 19
Chegada triunfal

Um amigo nosso havia nos convidado para passar um final de semana em sua pousada, na Caieira da Barra do Sul, perto de Naufragados, bem no sul da ilha.

O lugar é um paraíso. Vegetação linda, água pura da nascente, cabanas aconchegantes, cavalos, vaquinhas, tudo muito gostoso e natural. Bem como nós apreciamos.

Quando pensávamos em viajar ou em fazer um programa diferente, surgia um problema: onde Spike iria ficar?

Nem sempre podemos levá-lo conosco, embora hoje os cachorros, labradores principalmente, tenham permissão para circular em alguns lugares. Já não era sem tempo!

Como o sítio era do nosso amigo, que conhecia Spike desde pequeno, ele mesmo disse que não havia problema algum se o levássemos.

Eu também não vi dificuldade alguma, já que ele dormiria em nossa cabana. E, comportado do jeito que sempre foi, vimos que Spike poderia nos acompanhar.

Então, arrumamos nossas coisas e fomos viajar até a pousada. É viajar, sim, porque é a praia mais distante da ilha.

Era sexta-feira à noite, e nosso amigo estaria nos esperando com mais outros amigos nossos, assando um belo churrasco na área de lazer, ao lado de uma piscina linda. Com a iluminação indireta e sem vento algum, a piscina parecia um espelho.

Ao chegarmos, Spike já estava louco para sair do carro, sabia que era festa, e ele sempre gostou de novidades.

Paramos o automóvel bem próximo à nossa cabana, que ficava ao lado da piscina.

Antes de deixá-lo descer, George me avisou para que eu o colocasse na coleira. Acho que pressentiu que alguma coisa ia acontecer. Eu, que sempre gostei de ver meu cachorro solto, em liberdade, falei que seria bobagem, que ele ficaria bem tranquilo ao nosso lado.

É, eu sempre fui um tanto impulsiva, e às vezes não dou ouvidos ao meu marido.

Quando Spike desceu do carro, saiu em direção aos nossos amigos; só não percebeu que tinha uma piscina antes da churrasqueira. Negão saiu naquela corrida eufórica e meio estabanada e acabou caindo com tudo na piscina.

Foi aquela "molhadeira" para todo lado. Spike tentava nadar, apavorado (coisa em que nunca foi muito bom), e nós tentamos ajudá-lo, pulando na piscina junto; foi aquele agito geral.

Ele saiu da piscina encharcado, com aquela cara de quem pisou na bola, e todo mundo às gargalhadas, lembrando-se de sua entrada triunfal.

Tivemos que pegar umas duas toalhas para poder secá-lo, porque ele ia dormir com a gente, e cheiro de cachorro molhado ninguém merece!

O duro foi ter que ficar escutando George zombando de mim durante o churrasco, a noite inteira.

CAPÍTULO 20

A cama mais gostosa

Spike gosta de subir em nossa cama, mas nunca quando George está em casa, porque uma vez ele o havia feito e foi severamente repreendido. Por isso sabíamos que ele não seria louco de desobedecer ao seu dono.

Todo dia era o mesmo ritual. George se levantava e abria a porta para Preto sair. Ele dava o seu passeio, voltava para casa, subia e ficava deitado à porta do nosso quarto, enquanto George tomava seu banho e Nicolle se arrumava para o colégio.

Quando George ia para o banho, fechava a porta e ligava o chuveiro, Spike mais que depressa pulava para nossa cama se aninhando ao meu lado.

Ele ouvia o chuveiro ser desligado, descia devagar da cama e, quando George abria a porta do banheiro, estava comportadíssimo, deitado à porta do quarto como antes. Então recebia dele só elogios:

— Nossa, que bonitinho, é assim mesmo que eu gosto!
— E acariciava sua cabeça.

Eu, bem quieta, tinha a certeza de que Spike também, por dentro, dava aquela risadinha marota de quem estava enganando direitinho.

Assim era todo dia. O chuveiro era acionado, Negão pulava para a cama, e, quando era desligado, ele descia e se portava como se nada tivesse acontecido. O maior cara de pau. Quer dizer, dois dos maiores caras de pau, eu e ele.

Até que um dia George desconfiou. Acho que deve ter percebido minha expressão, ou alguma coisa parecida, e resolveu ver para crer.

Fez todo o ritual como de costume: entrou no banheiro, fechou a porta e ligou o chuveiro. Só que não entrou no banho, ficou esperando um tempo. E não deu outra, Spike subiu na cama, acomodou-se e, quando já estava fechando os olhos, George abriu a porta do banheiro e pegou-o no flagra, e falou:

— Ahá, Negão, te peguei! Desce já daí dessa cama, seu safado, seu sem-vergonha!

E ele assim o fez, pata por pata, sem olhar sequer para George. Desceu as escadas e foi se esconder embaixo da mesa.

Foi uma das cenas mais engraçadas que eu já vi de Spike, principalmente por aquela cara de sem graça que ele fez.

Ele, sempre muito inteligente, havia sacado os movimentos que George fazia todas as manhãs. Mas não poderia imaginar que George seria mais esperto que ele.

Que situação!

CAPÍTULO 21
Capa de chuva

F iz um plano de saúde na clínica aonde eu levava Spike, que lhe dava direito a um banho por semana. Era muito legal, pois ficava supercheiroso, e seu pelo, brilhante e sedoso; parecia um sachê ambulante.

Ao voltarmos da clínica, eu tinha que dar um passeio com ele. Entrar em casa sem antes dar uma saidinha para o xixi, nem pensar.

Certo dia, em nossa casa do Campeche, foi hilário. Havia acabado de chegar com ele da clínica, todo limpinho e perfumado e, assim que descemos do carro, Negão foi direto para o portão. Fui com ele dar a volta, quando percebi que algumas gotas de chuva já estavam avisando do toró que iria desabar sobre nós. Voltamos para casa correndo. Só o que faltava era Spike ficar ensopado depois daquele banho de xampu.

Ficamos esperando estiar, e nada de a chuva passar.

Ele estava muito apurado para fazer pipi. Não saía da porta, e me olhava como se quisesse falar:

— Vamos assim mesmo!

Eu estava morrendo de pena, e, como a chuva não passava, com certeza demoraria um bocado. Então pensei em um jeito de ele não se molhar. Só no guarda-chuva não dava; óbvio que Spike não ficaria embaixo.

Até que eu tive a ideia de fazer uma capa de chuva para ele. Só que a capa que tentei fazer era de sacos de supermercado. Era a única coisa em que eu poderia pensar naquela hora.

Rápido peguei a tesoura e o durex. Corta daqui, cola ali, amarra aqui, cai lá, puxa dali, cai do outro lado... E Spike esperando um tanto quanto agoniado com aquela roupa esquisita que eu queria a todo custo que ele vestisse. Foi um perrengue só.

E aos trancos e barrancos fui passear com ele daquele jeito, fantasiado, e eu de guarda-chuva. O maior mico!

Eu falava para ele:

— Rápido, Neguinho, para ninguém ver a gente assim. Não demora, por favor!

Ele entrou no mato e, é claro, o saco plástico enganchou em algum galho de árvore, o que o atrapalhou para sair.

Lá fui eu ajudá-lo a sair daquele emaranhado.

Fiquei ainda tentando arrumar sua capa de chuva, mas claro que não deu certo.

Resultado: voltamos para casa completamente molhados. E a tarde que ele havia passado na clínica tinha sido em vão.

CAPÍTULO 22

Festa à fantasia

Somos festeiros. Receber amigos para jogar, jantar, comemorar alguma coisa faz parte do nosso entretenimento. Festa sempre foi conosco mesmo.

Era época de carnaval, e resolvemos fazer uma festa à fantasia lá em casa. Tudo foi decidido na última hora, como sempre, e todo o mundo entrou na onda de caprichar no traje. Tivemos um dia só para arrumar as coisas e pensar no que vestir.

Eu me fantasiei de onça; George, de cigano; Nicolle, de Pedrita; e Spike, de senhor lencinho. Estava com um lenço vermelho amarrado no pescoço; muito lindo.

Uma chegou de bruxa, outro de Batman, outra de She-Ra. Havia zebra, palhaço, homem e mulher das cavernas. A mulher-fantasma estava toda de branco e tinha os dentes de drácula. Havia a Pocahontas, o caubói.

Mas o mais engraçado e criativo foi um amigo nosso, que chegou fantasiado de bebê. Veio com touquinha, fralda, e até chupando um bico enorme. Ele incorporou tanto o personagem que já entrou chorando.

A cada um que chegava, Spike ficava louco. Ia receber na porta junto conosco, como se estivesse entendendo o espírito da coisa. Entrava na onda com todo mundo. Dançava com a gente, era o rei do carnaval.

Depois de muitas danças, resolvemos fazer o concurso de fantasias. Cada um tinha que entrar desfilando, e o palhaço do meu amigo, quer dizer, meu amigo vestido de palhaço, ficava narrando as fantasias.

E Spike entrava junto com quem ia desfilar, pulando, achando que a festa era para ele. Tivemos até que lhe pedir para ficar deitado, só olhando, pois estava atrapalhando o desfile.

Quando a mulher-fantasma resolveu entrar, ele estava deitado perto de onde desfilávamos, só observando, quietinho como havíamos lhe pedido.

Ela entrou correndo, no maior embalo, abrindo os braços cobertos por um lençol branco. Eis que a sua entrada triunfal foi interrompida por um belo tombo, que a fez se esborrachar no chão. Ela não viu que Spike estava deitado, e tropeçou nele. A gargalhada foi geral. Ninguém aguentou ver a empolgação dela, e o tropeço atrapalhado pelo senhor lencinho, que, depois de ela ter caído, achou que poderia naquele momento participar melhor; então pulou e deu boas lambidas na "mulher-fantasma".

Além de ficarmos com o registro do episódio na memória, temos registrado também em filme. Ensaiamos algumas vezes mandar para o *Vídeo Cassetadas*, mas acabamos deixando-o guardado.

E, quando queremos relembrar a festa, colocamos a fita só para dar boas risadas!

CAPÍTULO 23

Ai, que medo!

Eu sempre fui um pouco medrosa e, por mais que tenha vindo de uma família com educação espírita, nunca me senti preparada para vivenciar a experiência mediúnica.

Nossa casa era de dois andares, e tinha uma escada em caracol que levava aos quartos, próxima à sala de televisão. Jamais gostei de descer a escada quando estava escuro e olhar para o canto da sala, pois achava que poderia ver algum espírito sentado ali no sofá, ou qualquer coisa parecida. Pura imaginação minha, pois sempre fui um tanto quanto fantasiosa.

Aquela sala de televisão não combinava comigo quando estava sozinha, ainda por cima quando a noite começava a dar o sinal de sua graça. Jamais gostei. Mas tinha que me acostumar com a situação, principalmente nos dias em que George e Nicolle demoravam um pouco mais para chegar em casa, ou em que eu chegava mais cedo.

George ficava louco comigo, e não entendia como podia ser tão medrosa. Dizia sempre que eu tinha que combater isso, precisava vencer meu medo.

Quando Spike começou a fazer parte da nossa vida, me senti um pouco mais segura em relação àquela sala, pois às vezes, mesmo sendo noite, eu ficava lá vendo televisão ao seu lado. Certas horas, quando sentia um temor por estar sozinha, ficava acariciando Spike, e ficava um pouco mais tranquila.

Certo dia, ou melhor, certa noite, quando via televisão nesta sala, esperando por George e Nicolle, Spike, que estava deitado ao meu lado, levantou a cabeça, e sua expressão me avisou que ouvira algum barulho estranho. Deu uma latida e me olhou. Eu, com aquela coragem que sempre me foi peculiar, já tremendo dos pés à cabeça, disse a ele:

— Negão, vai ver o que é.

Ele me olhou, fomos juntos até a porta, não era ninguém chegando. Só cheirou a porta, e voltamos para a sala. Eu ia ficando cada vez mais com medo. Liguei para George e eles já estavam a caminho, mas iam demorar mais um pouco até chegar em casa.

Tentei me distrair com a programação da televisão e, quando eu estava menos tensa, já havia me desligado um pouco do medo que me atormentava, novamente Spike levantou a cabeça, sentou-se e começou a abanar o rabo para a parede, como se estivesse vendo alguém conhecido.

Nessa hora, o pânico tomou conta de mim, pois eu, que tinha medo de ver algum espírito naquela sala, naquele momento tive a certeza de que Spike estava vendo alguma coisa que eu não conseguia enxergar.

Eu mesma não sabia o que fazer. Dizia para ele se sentar, vir ficar ao meu lado, e ele só olhava e abanava o rabo para a parede. Nossa, que pavor! E George que não chegava nunca! E o resto da coragem que eu estava aprendendo a ter havia desaparecido por completo.

O tempo que esperei pela chegada foi o pior que já passei, pois eu não tinha o que fazer e, o que é pior, não sabia nem o que estava me amedrontando, pois eu não via nem ouvia nada.

Muitas pessoas falam que os animais conseguem enxergar coisas que nós não conseguimos. Isso era o que estava me apavorando mais. Tentei me acalmar pensando que o que ele via era, pelo menos, alguma coisa legal, pois sua atitude era de felicidade.

Quando George e Nicolle chegaram, lhes contei o que se passara, mas George pensou que eu estava brincando, pois Spike já havia parado de se comportar daquela maneira estranha.

Só sei que Spike, naquela noite, havia sentido alguma coisa diferente lá em casa que eu nunca soube entender o que realmente era. A única certeza é a de que tive muito medo por bastante tempo ainda, e que ficar naquela sala, à noite, sozinha... Nem pensar!

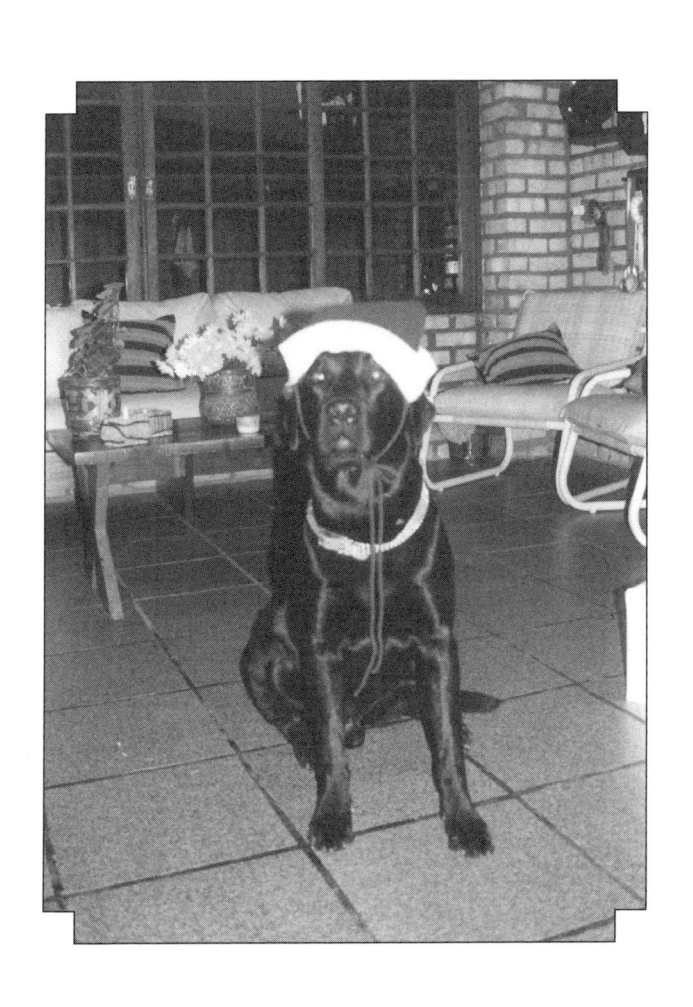

CAPÍTULO 24
Dia de Natal

No seu primeiro Natal, Spike estava com sete meses aproximadamente. Achamos cedo ainda para deixá-lo sozinho com aquela coisa grande, toda enfeitada, cheia de bolinhas coloridas, chamada árvore de Natal.

Era um delírio para os seus olhos, porque a vontade de colocar sua boca numa daquelas bolinhas brilhosas parecia enorme.

Ele participou de toda a montagem da árvore. Apenas observando atento todo o movimento em função daquele brinquedo grande.

Nicolle sempre adorou os preparativos para o Natal, nos fez comprar um presente para Spike também e colocá-lo na árvore, assim como os outros, dizendo que só o deixaria abrir o presente no dia de Natal.

Sempre unimos as duas famílias lá em casa nessa data tão significativa, tão iluminada, tão especial, em que, além de troca de presentes, há principalmente uma grande troca de amor e afeição.

Como todo mundo sempre gostou de Spike, alguns, assim como nós, trouxeram presentes para ele também. Um hábito que se tornou rotineiro até hoje em dia.

Quando todos nós começamos a nos presentear, Negão ficou eufórico, conseguindo, depois de uns rasgões aqui e ali, desembrulhar sua bola.

A criança da casa, naquela altura, era ele. Tivemos só que guardar os brinquedos, senão ninguém conseguiria cear com calma.

No Natal seguinte, já estava maior, mais obediente, menos estabanado. Montamos a árvore como de costume, só que com ele dessa vez participando ativamente; ajudava a trazer as bolinhas para Nicolle colocar na árvore. Ela apontava qual queria que trouxesse, e ele prontamente atendia a seu pedido.

Ao final, começamos a arrumar os presentes embaixo da árvore.

Enquanto eu ia embrulhando seu presente, ele me observava, e nós íamos explicando que não era para mexer. E o colocamos lá, junto dos outros.

Ele quis pegar, mas, diante de nosso olhar, sentiu que teria que obedecer e não aprontar nada.

De vez em quando um perguntava:

— Onde está o presente de Spike?

Ele ia até a árvore, encostava o focinho no seu presente.

Como podia ser tão esperto? Como poderia saber direitinho qual, entre tantos pacotes, era o seu?

Ele nunca errou.

E era incrível ver que ele ficava em casa às vezes sozinho e nunca mexeu em nenhum enfeite, nem nos presentes embaixo da árvore.

E todo final de ano era a mesma coisa. Ele comemorando conosco.

Até quando a festa de Natal acontecia na casa da minha mãe, nós levávamos Spike junto. Todo mundo queria a presença dele. É claro, sempre chamou a atenção pelas suas gracinhas. Era a quem mais se podia perguntar onde estava o seu presente, só para vê-lo encostar o focinho exatamente no seu pacote, esperando a hora certa para poder abrir.

Ele usou até touquinha de Natal para receber a família.

Tudo sempre foi festa para Spike.

Acho que todo ano ele quer aprender uma coisa nova, para ouvir elogios. Porque Negão não é bobo, sabe muito bem quando está agradando!

CAPÍTULO 25

Que susto!

Falava em passear perto do Spike, e lá saía ele, correndo à procura de sua coleira. Às vezes tínhamos que tomar cuidado, pois esta palavra, na certa, indicava que Negão já ficaria a postos, parado à porta da sala esperando ansiosamente por uma voltinha.

Certa manhã de verão, George quis dar uma caminhada e chamou Spike para ir junto. Nossa, a alegria dele foi contagiante, pois ficou numa euforia só. Rápido, correu para despensa para pegar sua amiga e companheira de momentos muito agradáveis, a senhora coleira. Ela mesma. Ela sempre foi sua grande paixão. Era colocá-la em seu pescoço que, com certeza, uma volta ele daria. E com a dita-cuja na boca, lá foi ele trotando para a porta esperar pelo seu grande amigo para passear.

Devia ser umas 9h30 quando eles saíram, o sol não estava tão quente ainda. George até queria impor um ritmo na caminhada, mas as paradas de Negão para o xixi na moita, ou no poste, eram quase impossíveis de conter.

Mas conseguiram andar um bom pedaço, quando George se deu conta de que teriam que voltar porque o sol já começava a incomodar. O ritmo de Negão foi ficando mais lento, e a vontade de logo chegar em casa fazia George ficar o tempo todo o estimulando a andar um pouco mais rápido.

O sol estava ficando forte demais, e Negão, quando chegava à sombra, se deitava, cansado de tanto calor, e com a língua para fora que quase tocava o chão. Nessa hora, George até o deixava descansar um pouco, pois via que ele não estava aguentando caminhar mais.

E assim eles foram voltando. Andando um pouco e parando para um descanso. Mas Negão estava cada vez mais se arrastando; e o calor, cada vez mais insuportável.

George parou para lhe dar água por várias vezes, mas ele continuava com a respiração ofegante. Já preocupado com o comportamento de Spike, arrependido de tê-lo levado para sua caminhada, George ficou apavorado quando viu Negão cair e não responder ao seu chamado.

O pavor tomou conta de George, que pensou naquela hora que ele tivesse tido um ataque cardíaco e morrido. Foi muito rápido, mas George o sacudiu e jogou água em sua nuca, e Negão logo acordou de seu súbito desmaio.

Que susto!

Eles já estavam perto de casa, mas George queria poupar Spike de mais cansaço, com medo de ele não aguentar e desmaiar outra vez. Então, esperou um bom tempo, até que sentiu que Negão já tinha condições de voltar. Mesmo assim, eles iam andando e parando, até que conseguiram chegar em casa.

George me contou o que havia acontecido e, enquanto ele me relatava, sua expressão era de puro susto. Ele ficara muito nervoso, achando que Spike havia apagado de vez. Que horror!

Depois desse dia, nunca mais fomos passear com Spike ao sol de verão. Ele, preto como é, iria absorver maior calor, e por mais que fosse de manhã cedo, depois desse susto, com sol, nem pensar.

No verão, caminhadas só mesmo à noite.

CAPÍTULO 26

Como roncas, hein?

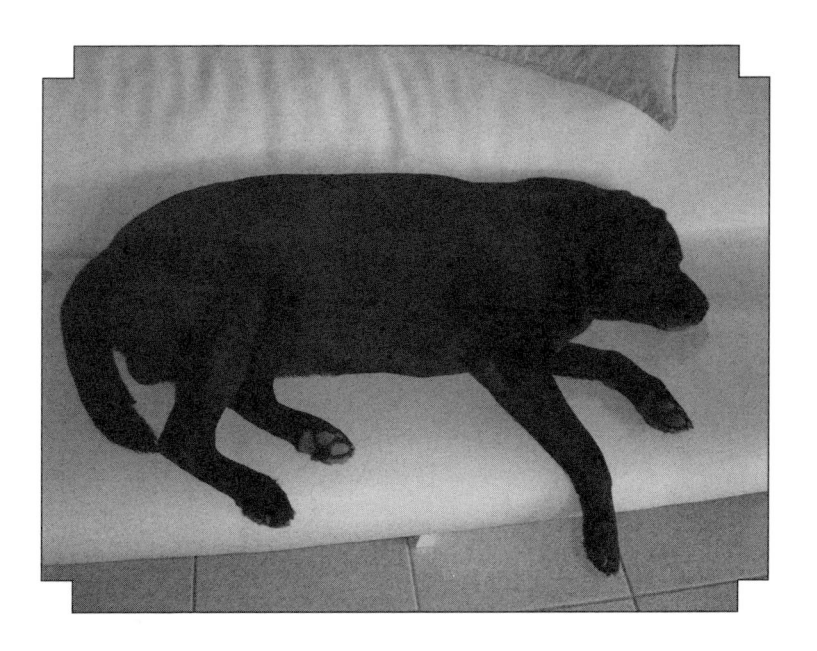

Eu até sabia dos sonhos de Spike, quando ele ficava se mexendo ao dormir, com a língua para fora, e de vez em quando emitia um som que parecia um chorinho. Mas roncar? Isso eu não sabia que ele fazia tão bem.

Certa ocasião, estávamos com alguns amigos tomando um vinho e escutando uma música num tom bem gostoso, baixinho, na sala de nossa casa. Aquela melodia gostosa, harmônica, muito suave, fazia o som de nossa conversa ficar em um tom tranquilo, muito calmo.

Spike, como era de costume, nos acompanhava em todo lugar. Desde pequeno foi assim. Se estávamos na cozinha, ele se deitava na cozinha, se nos levantássemos e fôssemos para outro lugar, ele se levantava também e ia atrás. Sempre foi grudado conosco.

Há cachorros que são mais independentes e gostam de ficar quietos no seu lugar. Mas labradores, em especial Spike, sempre são muito dependentes do dono.

Mas uma conversinha suave daqui, outra dali, um amigo nosso, famoso por ser soneca, foi se aninhando no sofá da sala e, quando vimos, ele já estava dormindo a sono solto.

Continuamos conversando, mas, de repente, aquela melodia gostosa, que vinha de um CD de bossa nova, estava com um barulho muito estranho, que parecia uma arranhada forte de um instrumento em descompasso.

Então percebemos que não era da música que vinha aquele som horrível, e sim do nosso amigo que dormia no sofá, cuja fama já era conhecida por roncar alto.

Fomos chegando perto, mas o som parecia não vir dele. Mas mesmo assim eu virei sua cabeça para ver se ele parava de roncar, achando que só poderia ser ele. Mas o som forte, e agora compassado, ainda insistia em permanecer, nos perturbando, desconcentrando-nos de nossa conversa.

O que poderia ser? Todos nós ficamos cabreiros com aquele ruído. Então desligamos o som para tentar perceber de onde vinha realmente aquele barulho. Até que descobrimos finalmente o autor daquela ronqueira.

Nem pudemos acreditar quando vimos Negão roncando sem parar. Ele estava naquela fase do sono que chegava até a babar. Estava num ronco de fazer inveja aos maiores gorilas. Daí, então, foi que tomamos conhecimento do seu famoso ronco.

Foi aquela gargalhada geral, e Spike e meu amigo dorminhoco acordaram no maior susto.

O sono dele era tanto que, mesmo depois de acordado pela barulheira, levantou-se, virou-se para um lado, virou-se para o outro, algumas vezes tentando achar uma posição confortável. Deitou-se e dormiu novamente, como se quisesse nos falar que não estava nem aí.

Mas tive que colocá-lo deitado em outra sala, porque não conseguíamos conversar mais, tamanho era o som que ele fazia.

Deve ter brincado muito naquele dia, e estava tão cansado que se entregou ao sono, e roncou como ninguém.

CAPÍTULO 27

Problemas com vizinhos

Fomos morar num lugar mais próximo ao centro de Florianópolis, no bairro Itacorubi.

Como estávamos acostumados com o espaço de nossa casa no Campeche, não foi nada fácil a nossa adaptação em um apartamento pequeno.

A localização do prédio era ótima, num lugar tranquilo, com muitas árvores ao redor. Abrindo a porta da sala do nosso apartamento, havia uma área muito gostosa, com espaço de sobra para Negão brincar. Até que era bem aconchegante, embora acredite que Spike, nos dois anos em que lá moramos, nunca tenha sentido que ali era realmente a sua casa.

Assim que nos mudamos, o zelador do prédio perguntou se Spike era manso e, embora mesmo ressabiado, mostrou-se calmo ao ver Negão se aproximando para dar aquela cheirada e balançada de rabo, seu rotineiro cumprimento cordial. Coitadinho, por ser preto e grande, sempre acabavam achando que ele era bravo.

Embora estivesse sentindo falta, assim como nós, da liberdade de espaço que era nossa casa, o fato de descer e subir de elevador toda vez que íamos dar uma voltinha estava sendo, naquela altura, uma brincadeira um tanto quanto divertida.

No prédio também havia outros cachorros, mas Negão era, sem dúvida, o maior, mais dócil e mais educado de todos eles.

Várias vezes íamos pegar o elevador, mesmo sem Spike, e, quando a porta se abria, um poodle miniatura, muito lindo e muito invocado, ficava latindo sem parar, envergonhando um pouco sua dona. Outras vezes, ao entrarmos no elevador, éramos recebidos com um pipi no chão.

Por outro lado, quando Spike estava subindo ou descendo de elevador conosco, e a porta se abria para outra pessoa entrar, ele já sabia que não poderia avançar o sinal, mesmo se um carinho na cabeça demonstrasse alguma simpatia. Ele procurava sempre nos respeitar.

Todos os cachorros andavam de elevador e entravam e saíam pela porta da frente. Nunca tive problema algum com Negão, até que um dia, ao encontrar uma moradora um tanto encrenqueira, que fez cara feia ao vê-lo saindo do elevador comigo, não demorou muito para que o síndico do prédio batesse lá em casa, dizendo que Spike estava incomodando algumas pessoas.

Sempre fui pacífica com todo o mundo, mas não pude entender como o estavam acusando sem motivo algum. Ele não latia, não era agressivo com ninguém. Nunca fez necessidades fisiológicas na área externa do nosso apartamento, muito menos dentro do prédio, então que incômodo estava trazendo?

Argumentei com o síndico e, mesmo ele entendendo que não fazia sentido, me pediu para não circular mais com Spike pela porta da frente nem nos elevadores. Teria então que andar com ele pela escada.

A nova ordem era que só poderiam andar de elevador os cachorros que estivessem no colo. Lógico que Negão era o único que não tinha condições devido ao seu tamanho. Mas os outros que faziam xixi e latiam não teriam problema algum. É óbvio que eu não podia aceitar um absurdo desses! Não podia aceitar que uma moradora carrancuda e chata conseguisse vetar o acesso livre que Spike tinha pelo simples fato de ela não gostar de cachorros grandes. Se ele teria então restrições, qualquer outro animal não ficaria isento dessa discriminação.

O síndico não tinha nem o que argumentar, pois sabia pelo próprio zelador que Spike era o único cachorro que não incomodava em nada. Teve, então, que fazer a lei valer para todos, mesmo a contragosto dos outros moradores, donos dos cães menores.

Fiquei por muitos dias com uma raiva danada, pois a falta de sensibilidade humana sempre me revoltou.

Escrevi uma carta a todos os moradores do prédio, fazendo-os refletir melhor sobre o fato, o que não demorou muito para fazer da moradora chata um voto vencido.

Que prevaleça o bom senso!

CAPÍTULO 28
Passeio nada calmo

Todo mundo gostava de passear com Spike. Ele, além de chamar a atenção por seu pelo bem brilhoso e meio azulado de tão preto, era muito dócil com todos. A não ser pela sua força que, às vezes, por ser um pouco estabanado, nos arrastava, tornando difícil segurá-lo, mas nunca, até então, havia nos causado problemas.

Um dia, Cláudia, minha irmã, pediu-me para dar uma volta com ele, e, como precisava sair mesmo, achei ótimo. Só avisei para que tomasse cuidado e não o deixasse solto de maneira alguma.

Assim foram os dois passear no Parque São Jorge, um bairro residencial muito gostoso, com muita área verde. Ao estacionar o carro, ela colocou a coleira em Spike e deram início à caminhada.

Ele fica eufórico quando sai do carro, parece estar preso há horas. Faz um xixi aqui, outro ali, cheira o chão todo, parecendo um aspirador de pó.

Spike já tinha feito tudo o que precisava fazer, estava tranquilo, na maior paz, quando de repente seu pelo ficou todo ouriçado e ele começou a rosnar.

Minha irmã sentiu que teria problemas quando viu que vinha ao encontro dele um outro cachorro grande, também com o pelo arrepiado e latindo um bocado.

Ela não conseguiu aguentá-lo pela guia, tamanha era a força que ele fazia. Assim, Spike acabou se soltando e indo ao encontro do outro cachorro.

Cláudia gritava, chamava por ele e nada. Estava apavorada, e não sabia o que fazer para separar os dois, pois estava com medo de se machucar, e que ele se machucasse também.

A verdade é que Spike nunca simpatizou com cachorros machos, ainda por cima quando eram maiores que ele. Quanta arrogância!

Minha irmã continuou gritando na tentativa de chamar a sua atenção, mas acabou chamando a atenção de um moço que estava correndo no calçadão.

Ele veio rápido socorrê-la, ajudando a separar os dois cachorros. Tirou a camisa e a jogou em cima deles, fazendo-os parar de se agredir. Ele conseguiu segurar o outro cachorro e ela, mais que depressa, agarrou Negão.

Ela tremia de nervosa e, ao mesmo tempo que brigava com Spike, agradecia ao rapaz por tê-la ajudado a se safar de uma perigosa situação.

Depois que os nervos foram se acalmando, de o outro cachorro ter ido embora, de Spike, ofegante, ter se deitado ao chão, o garoto foi se aproximando e puxando conversa com ela. Conversa vai, conversa vem, e aquela famosa pergunta não poderia ficar de fora:

— Mas o cachorro tem telefone?

Cláudia olhou para Spike e pensou: "Negão, depois dessa trabalheira toda, receber uma cantada até que valeu a pena, né?".

CAPÍTULO 29
Não vou devolver Spike

Tenho um amigo fotógrafo que, assim que soube que sua labradora estava no cio, tratou logo de agilizar para que Spike passasse o final de semana em sua casa.

Ele também é louco por cachorros. Assim como eu, nunca impôs muitos limites, deixando-os circular à vontade por todos os lugares.

Marcamos então o encontro, e levamos Negão até sua casa. Chegando lá, ele já sentiu que seria o "dono do pedaço", descendo do carro, demarcando seu território com os pipis em todas as moitas possíveis.

Quando ele entrou na casa do meu amigo e viu sua futura namorada, enlouqueceu. Podíamos chamar, oferecer agrados, até dizer aquela famosa frase "Vamos pegar sua coleira para passear?", e nada. Nada fazia Spike sair de perto de Lua, a linda labradora amarela que o estava deixando deslumbrado. Ele parecia sua sombra. Só tinha olhos para ela.

Então o deixamos lá, para que passasse o final de semana em pleno romance, em pura lua de mel.

Claro que várias recomendações foram feitas. Entre elas, abrir a torneira da pia para que tomasse água, que ficassem de olho para que não fugisse etc. e tal.

No outro dia falei com meu amigo para saber se estava tudo certo, e ele me disse para só pegar Spike no domingo, ocasião em que faria um almoço para nos esperar.

Quando chegamos, pensei que Spike estivesse com saudade, sentindo nossa falta. Que nada! Cumprimentou-nos com uma abanada de rabo mixuruca e uma lambida rápida, pois não podia sequer ficar longe de sua namorada. Olhei para George com aquela cara de decepção, pois pensei que faria aquela festa para nos receber. Ele nem queria saber de nós. Estava sentindo que a nova casa, àquela altura, já era dele.

Ficamos nós então com os outros amigos, conversando, esperando o almoço ser servido. É lógico que o assunto não poderia ser outro, senão sobre o novo inquilino do pedaço.

Enquanto conversávamos, Negão ia para lá e para cá atrás de Lua, e eu o observando, como uma mãe atenta.

Ficamos de boca aberta quando, ao perguntar para o nosso amigo se ele estava tomando água na pia do banheiro direitinho, conforme nossas recomendações, vimos Negão matar sua sede com belos goles da água da piscina. Não podíamos acreditar no que estávamos vendo. Ele nunca havia, até então, tomado água de outra maneira. Estava se comportando de forma muito diferente, deixando George e eu com aquela cara de quem não está entendendo muito bem.

Nosso amigo estava maravilhado. Tanto que Spike entrava e saía da sala, subia no sofá, vinha ficar ao seu lado, era aquela intimidade que não parecia ser de uma recente amizade.

Almoçamos, conversamos mais um pouco, até que chegou a hora de ir para casa. Chamamos Negão, que estava deitado ao lado de Lua, e ele veio. Ufa! Pensei que não viria mais.

Quando estávamos nos despedindo, nosso amigo mais que depressa falou:

— Olha, vocês podem ir, mas Negão fica. Ah, não vou devolvê-lo de jeito nenhum! Daqui ele não sai. Eu estou apaixonado por ele.

Ficamos nós então no portão, naquele vai não vai. Meu amigo o abraçava, fingia chorar se ele fosse, e morríamos de tanto rir.

Esse Negão sempre foi danadinho. Vejam só, conseguiu conquistar de primeira seu sogro.

CAPÍTULO 30

Ladrões no apartamento

O acesso para área externa de nosso apartamento era pela sala ou pela porta da cozinha, que havia algum tempo estava com a trava quebrada. E por não darmos a devida importância, um dia um ladrão entrou em nossa casa enquanto dormíamos.

Naquela época eu tinha uma faxineira, e ela sabia do problema da porta, assim como sabia também que Spike era um cachorro muito manso. Tenho certeza de que foi por intermédio dela que ele entrou no apartamento, porque depois do roubo ela não voltou mais lá em casa; nem soubemos mais dela. E também porque uma pessoa que fosse arrombar uma casa, ao dar de cara com um cachorro grande assim, mesmo que não latisse, ficaria com medo da reação e provavelmente recuaria de seu intento.

Pois bem, quando acordei para chamar Nicolle para o colégio, fui até a sala e notei certa bagunça na área externa. Corri para o nosso quarto para avisar George e, quando abrimos a porta da área, era uma montoeira de coisas espalhadas pelo chão. Vimos também um prato com faca, manteiga e leite no chão da área de serviço. Tinham feito até lanche. Que desaforo!

O sentimento de impotência e invasão de privacidade era enorme. A raiva que sentimos ao ver que roubaram nossos celulares, tênis, dinheiro, muita coisa nossa, nos fez várias vezes indagar:

— Como conseguiram entrar aqui? Como conseguiram escalar o muro alto que dá acesso à área externa, como?

Era muito atrevimento; e como Spike nem latiu, nem George acordou? Ele sempre teve um sono muito leve, e não ouviu nada. Chegaram até a entrar no quarto de Nicolle, mexer nas coisas dela, ninguém acordou.

Quando vimos que o ladrão tinha feito lanche e comido pão, entendemos o porquê de Negão não ter feito nada. Provavelmente ele se sentou com o ladrão para lanchar também. Ele sempre fez tudo por um lanchinho extra!

Além de ficarmos enfurecidos com o roubo, ficamos com raiva de Spike, por não ter reagido.

Nós ficávamos falando direto:

— Puxa, Negão, que coisa mais vendida. Só por causa de um pão você não nos acordou?

O nosso quarto estava fechado, talvez isso tenha dificultado a George acordar com o barulho que provavelmente Spike fez. Com certeza deve ter feito festa para o ladrão. Ele sempre fazia festa para todos que chegassem em nossa casa. Todos sempre foram amigos. Como ele iria saber que um ladrão não era amigo?

O duro foi aguentar muitas pessoas nos falando a todo momento:

— Não adianta ter cachorro assim, que não serve para nada!

Olha, é claro que não achamos legal o que aconteceu, e ficamos nos perguntando o porquê de Spike não ter dado um sinal. Mas como poderíamos cobrar dele uma atitude que não é do seu temperamento, se nós mesmos lhe ensinamos a receber como amigos as pessoas que entravam em nossa casa? Seria uma incoerência.

Quando decidimos sobre que raça comprar, não queríamos um cão de guarda, optamos por um cão extremamente companheiro e dócil.

No final, chegamos à conclusão de que a melhor coisa foi George não ter acordado. Se isso tivesse acontecido, ele certamente acordaria no susto e, nessa hora, nossos reflexos são um tanto desordenados. A consequência poderia ter sido maior do que roubarem somente alguns bens materiais. Poderiam ter nos roubado nosso maior bem. Nossa vida!

CAPÍTULO 31
Passeio de veleiro

George é apaixonado por barcos, em especial por veleiros.

E, por gostar tanto, comprou um Bruma de 19 pés. Era pequeno, mas nos proporcionou passeios muito gostosos.

Com ele, demos meia volta na ilha de Florianópolis. Uma aventura com partida na lagoa da Conceição e chegada, em grande estilo, à casa de um amigo nosso, em Cacupé.

Nossas velejadas eram sempre maravilhosas, e eu sempre tentando convencer George a levar Spike algum dia conosco.

Ele nunca queria levar devido ao excesso de cuidado com o barco, que dentro era todo forrado de um tecido branco, com almofadas coloridas. E Preto sempre soltou muito pelo. Como sabia que com certeza eu o deixaria mergulhar, então, lógico, a bagunça estaria feita.

"Água mole em pedra dura tanto bate até que fura." Tal qual o ditado popular, um dia consegui convencer George a deixar que Spike fosse em uma de nossas velejadas pela lagoa.

Tive inúmeras recomendações. Uma delas foi que eu não poderia deixá-lo cair na água. Com certeza eu não poderia fazê-lo também, porque, é claro, se assim o fosse, ele pularia na água comigo.

Ficaria com pena de Spike não poder nadar, mas não recusei e aceitei ir assim mesmo. Fazer o quê? Adoro água, mas preferi me sacrificar e deixar Negão se divertir um pouco também.

E assim fomos velejar, eu, George, Nicolle e Spike. Levamos sucos, água, frutas, sanduíches, pois nos nossos passeios acabávamos ficando o dia inteiro.

Quando Spike entrou no barco, já foi xeretando tudo. Curioso como sempre, foi da proa à popa, desceu a escada, subiu outra vez, sob meus olhares atentos e o de George para mim, como se quisesse falar:

— Acho que isso não vai dar certo.

Eu disfarçava, fingindo que nem estava entendendo que aquele olhar, de alguma forma, me repreendia.

George ancorou o barco para ele e Nicolle mergulharem, e eu e Spike ficarmos olhando.

Que delícia, aquela água gostosa e nós ali só olhando...

Ah, eu tinha que dar um jeito para conseguir mergulhar também. É claro que eu iria mergulhar, pois assim que Nicolle subisse no barco, ela ficaria com Nego, para eu pular na água. Mas eu queria que ele mergulhasse também.

Enquanto eles estavam nadando, George me olhava rindo. Acho que ele estava louco para deixar Negão pular na água também, mas, quando imaginava a trabalheira que seria, acabava desistindo.

Fiquei pensando em como poderia fazer, até que uma ideia veio à minha cabeça.

Eu iria para a proa do barco, fingiria tropeçar, cairia na água, e Spike, como ficaria sozinho, acabaria caindo também. Ideia perfeita!

Fiz todo o meu teatro. Fui para proa com Negão, fiquei em pé e, quando eles estavam distraídos mergulhando, dei um gritinho e caí na água, fingindo ter me desequilibrado.

Para minha surpresa, Spike não pulou.

Claro, George, quando viu, sacou que era trapaça minha e já gritou:

— Fica aí, Negão!

Eu fazia sinal para ele pular quando George não estava olhando, e nada de ele cair na água.

Quando não aguentei mais, resolvi fingir que estava me afogando. Aí foi demais! Óbvio que Negão pulou na água, num puro instinto para me salvar.

Nem George aguentou minha brincadeira, rendendo-se à exigência feita antes, dando umas boas nadadas com o Negão.

Quando fomos subir com ele para o barco é que percebi a trabalheira que iria ter. Claro, tive secá-lo, depois limpar os milhões de pelos que ficaram, mas não me arrependi.

Depois disso, George o deixava passar conosco de vez em quando.

Acho que ele percebeu que foi tão gostoso, e que depois era só limpar e cuidar para que Spike não descesse para a cabine, que relaxou.

Momentos verdadeiramente felizes não têm preço!

CAPÍTULO 32

Amor impossível

Spike passeava pela manhã e à noite, bem como à tarde, quando um de nós chegava mais cedo em casa.

Seus passeios eram longos. Às vezes aproveitávamos para dar uma caminhada e ele ia junto.

Um dia, ele estava passeando e, quando passávamos em frente a um prédio, uma cachorrinha começou a latir desesperadamente. Era uma schinauser miniatura, muito linda. Eu sabia que Negão não ia fazer nada, mas ela parecia estar com medo, então respeitei, parando com ele. Spike sentou-se, chamei a cachorrinha, que parecia aqueles bichinhos de pelúcia, e comecei a falar com ela para que não tivesse medo.

Ela vinha em nossa direção, dava uns passinhos e saía correndo. Depois latia, vinha andando devagarinho, tentando se aproximar, e, quando Spike fazia algum movimento, saía correndo novamente. Parava e ficava chorando.

E isso se repetiu várias vezes. Eu ia passear com Spike, ela nos via, vinha correndo latindo, mas não conseguia chegar perto, começava a chorar. Eu a chamava, ela vinha devagarinho abanando o rabinho, latindo e chorando ao mesmo tempo. Era muito engraçadinha.

Toda vez que eu passeava com Spike, ouvia o chorinho dela na sacada do prédio em que morava. A sua dona tinha que descer, porque ela ficava indócil. Latindo pela casa, saía da sacada para pegar a coleira, fazendo a sua dona entender que ela precisava sair. Seu amado estava lá embaixo.

Ela ficava esperando Preto na janela. E só queria passear quando via que ele estava por perto. A dona dela nos disse que sabia quando Spike estava passeando, porque ela ficava desesperada chorando. Era mesmo louca de paixão por ele.

Depois de muitos latidos, chorinhos e medos, ela por fim chegou perto de Spike. Mas ele tinha que ficar sentado, senão ela saía correndo.

Era lindo ver a felicidade dela quando Spike estava por perto. Os cachorros, assim como nós, também têm afinidades uns com os outros.

Durante o tempo em que moramos nesse apartamento, foi sempre a mesma coisa: ela via Negão e tentava a qualquer custo chamar a sua atenção. Pena que era um amor impossível, pois ela era um toquinho de pequenina, e ele, muito grande.

Alguma semelhança com paixões de adolescentes?

CAPÍTULO 33

Nova casa

Estávamos procurando um lugar calmo e gostoso para construir nossa atual casa. Pesquisamos muitos lugares, e teve um que nos encantou como amor à primeira vista. Era um lindo terreno, muito arborizado, um espaço tão bom que tive que conter a empolgação para não valorizar demais a terra. Fechamos negócio e iniciamos a construção.

Spike acompanhava de vez em quando a obra comigo, e já começava a ficar agoniado quando íamos chegando perto do terreno. Ele descia do carro e saía demarcando todos os lugares com seu pipi, provavelmente para avisar que ele seria o novo dono do pedaço.

Eu ficava superfeliz, imaginando a empolgação dele, e a nossa também, quando nos mudássemos para lá.

Na época da construção, estávamos morando em um apartamento pequeno, que tinha até uma área bem grande aberta depois da sala, mas era apartamento, não teria nunca um espaço suficiente para ele brincar. Sem contar que era chato ter que deparar de vez em quando com alguns vizinhos encrenqueiros que não simpatizavam com cachorros.

Bem, voltando a casa, nós estávamos encantados, e esperando ansiosos pela mudança.

No dia em que nos mudamos, Spike só faltou rir de tanta felicidade. Ele já sentiu que seria sua nova casa desde o primeiro momento em que abrimos a porta. Quando simulamos que íamos embora, ele nem se importou. Deitou-se como se quisesse falar:

— Vão vocês. Eu não volto para o apartamento de jeito nenhum. — E continuou deitado.

A maior maravilha era não ter que passear sempre com ele na guia. Ficava solto, e nós, monitorando sua voltinha. Como tem muito terreno vazio sem casas, ele andava por tudo, sentindo-se o rei da cocada preta!

Um de nós três ia junto com Spike para passear. Até que o fomos deixando mais solto, e, depois de um tempo, ele já estava indo sozinho. Dava uma saída rápida e logo voltava para casa, ficando à porta à espera de que a abríssemos. Apenas ficávamos ligados com o tempo em que ficava fora. Se ele estivesse demorando mais que de costume, íamos atrás.

Um belo dia, Spike foi dar sua voltinha rotineira. Eu abri a porta, ele saiu. Percebi que estava demorando muito, e saí atrás dele. E nada de ele aparecer. Andei por todos os terrenos, acima e abaixo. Chamava, assobiava (meu assobio é péssimo), e nada, nem sinal de Negão.

Até que peguei o carro e fui ver se ele não havia saído para a rua. Andei por tudo, e voltei um pouco tensa para casa, mas na esperança de ele já estar à porta me esperando. Desci do carro correndo, cheguei até a porta e, claro, ele não estava.

Não sabia mais o que fazer, e fui até a varanda da casa, quando escutei barulho de cavalo relinchando. Na divisa com o meu terreno existe um haras. Fui dar uma olhada e, quando vi, lá estava Negão brincando de correr com um cavalo, na maior alegria. O cavalo balançava a cabeça para ele e relinchava, e Spike colocava o bumbum para cima, e jogava as patas da frente para um lado, depois para o outro, no maior divertimento.

Fiquei apreciando os dois até Spike se cansar e resolver voltar para casa. Daí eu vi por onde ele passava. Mas a cena foi tão bonita de admirar que, quando ele voltou, eu nem briguei com ele, e esqueci que havia ficado morrendo de raiva por o danado ter fugido.

Hoje, seus passeios demoram bastante tempo, e nos acostumamos a deixá-lo livre para andar por tudo. Já está bem maduro e merece essa confiança, porque Spike sabe que o aconchego, o carinho, o amor, ele tem em nosso lar!

CAPÍTULO 34

Amigo Hype

Era sábado à tarde, estava frio, eu tive que ir à confecção adiantar alguns pedidos. Estava trabalhando quando ouvi um choro que não sabia de onde vinha, mas tinha a certeza de que era de um cachorrinho. Fui à porta olhar, e vi que em frente à confecção, na agropecuária, tinha uma gaiola com um cachorrinho chorão. Voltei para a confecção, para o meu trabalho, pois já havia arrumado muita encrenca com os vários cachorros que passaram pela minha casa. Mas aquele chorinho não permitia que me concentrasse no que precisava fazer. Eu ia até a porta e, quando colocava a mão na maçaneta para abri-la, desistia. Fiz isso umas cinco vezes. Até que na última eu não aguentei e fui lá dar uma atenção ao filhote. Ele chorava sem parar. O dia estava muito frio, com vento, e não tinha nem um paninho para se esquentar. Cheguei perto, abri a grade da gaiola, e ele parou de chorar. Peguei-o no colo, e fui falar com a atendente da veterinária, para ver se poderia ficar um pouco com o cachorrinho. Mostrei a ela onde ficava minha sala, e ela concordou que o levasse para ficar comigo enquanto trabalhava. Chegando lá, arrumei uns tecidos para ele se deitar e se aquecer, e ele ficou quietinho, a tarde inteira ali comigo.

Mais tarde a atendente chegou e perguntou se eu iria ficar com o cachorrinho, porque ela tinha que ir embora e queria fechar o estabelecimento.

Naquele momento pensei que, se o deixasse lá, provavelmente ele ficaria sozinho o final de semana inteiro, chorando, com frio, sem ninguém... Não, eu não poderia deixar isso acontecer, deixar aquele cachorrinho desprotegido assim.

Falei para ela que ficaria com o cãozinho. Quem já havia cuidado de vários, mais um, que mal haveria?

Saí da confecção e fui buscar Nicolle com o cachorrinho no meu colo. Ela entrou no carro e nem o percebeu, de tão pequeno que ele era. Quando viu, me olhou com um sorriso nos lábios, apoiando-me, como cúmplice que sempre foi, para enfrentar a barra que seria lá em casa.

Passamos no supermercado, compramos Nan, aquele alimento que se dá para recém-nascidos, e fomos para casa.

Chegando lá, Spike veio nos receber como de costume, e, curioso, queria saber quem era aquele novo intruso que estava no meu colo, e com quem provavelmente teria que dividir algumas atenções. Ele cheirou o cãozinho, que no início ficou um pouco assustado, mas acho que logo percebeu que ele seria seu grande amigo e companheiro de muitas aventuras.

Depois das apresentações feitas, fomos arrumar o cantinho para ele. Spike, sempre atrás de nós, dando fé de tudo o que estava acontecendo, viu que o colocamos no lavabo.

Quando George chegou, ele percebeu alguma coisa diferente no ar. Estávamos com um sorriso amarelo, um pouco tensas, e Negão, querendo logo resolver a questão, ficou na frente da porta do lavabo, como se quisesse dar um sinal de que a novidade estava lá dentro.

George, ao perceber seu comportamento, achou que quisesse tomar água. Sim, porque é mais ou menos desse jeito que ele fica quando quer beber água.

Quando George abriu a porta, olhou a novidade e falou:

— Gi, que brincadeira é essa?

Eu já fui respondendo com a certeza absoluta, para poder tranquilizá-lo, que iria arrumar um dono o mais rápido possível.

George, meio ranzinza, embora, diga-se de passagem, tivesse razão de se comportar assim, mais uma vez se rendeu aos encantos do cachorrinho, e o apelidou de Zé Nano. Porque toda vez que íamos esquentar seu leitinho, feito de Nan, no micro-ondas, ele já conhecia pelo barulho que era a sua comida e começava a chorar. Era aquela coisinha muito pequena, sentada na cozinha, olhando para cima em direção ao micro-ondas. Era muito gozado!

Os dias foram passando, eu me apegando cada vez mais ao cachorrinho, e sentindo também que ele poderia ser um excelente companheiro para nosso Spike, já que este muitas vezes ficava sozinho. Labradores não gostam de solidão.

Tentei convencer várias vezes George para que deixasse Zé Nano ficar, mostrando como Spike havia simpatizado com o novo amigo, mas não teve jeito. Ele me dava várias vezes prazo para que eu arranjasse um dono, e eu ia contornando a situação, sempre arranjando desculpas.

Acho que um dia ele se convenceu, porque me viu chorar desesperadamente, quando pegou o cachorrinho e foi levar para uma moça que queria adotá-lo. A sorte foi que não achou o endereço, e voltou para casa com ele.

Quando George entrou em casa com o cachorrinho no colo, eu parei de chorar, e Spike pulou para fazer festa. Estava também feliz por sua volta.

Assim, Hype tornou-se então o mais novo membro da família. O mais novo companheiro de Spike para suas novas descobertas.

CAPÍTULO 35

Ciúme

Logo quando Hype chegou, acho que Spike percebeu que ele ficaria conosco; não seria como os outros, que chegavam, ficavam uns dias e iam embora. Os cachorros são muito sensíveis, e tenho certeza de que ele já sabia que dividiríamos as atenções dali para a frente.

Hype ainda era muito pequeno e precisava ter uma atenção especial. Teria que aprender, assim como Negão, alguns limites. E quem tem cachorro sabe que é uma tarefa que exige paciência e perseverança.

Chegávamos em casa, dávamos atenção aos dois, mas, como Hype ainda era pequenino, fazia muitas gracinhas, e acabávamos olhando mais para ele. Ao percebermos, revertíamos a situação, chamando Spike para fazer alguma gracinha também.

Alguns dias, quando Hype vinha fazer festa, e eu ficava paparicando, olhava para Negão, e ele estava virado para a parede. Ficava muito chateado com a situação, e a impressão que tínhamos era de que fazia pouco-caso. Então eu o chamava, e ele não vinha de jeito nenhum. Chegava a virar a cara. Era muito engraçado!

Com certeza, ao mesmo tempo que ele gostava da sua companhia, quando um de nós estava em casa, ele queria mais é que Hype desaparecesse. Puro ciúme de um cachorro que sempre foi o centro de tudo. Queria atenção única e exclusiva.

Era só eu chamar um que vinham os dois. Então eu tinha que coçar a cabeça dos dois ao mesmo tempo e também dividir meu olhar pela forma particular de cada um para prender minha atenção.

Ou quando fazíamos carinho só em um, e o outro percebia, este já vinha correndo se meter na frente para ser acariciado também.

Não é fácil administrar a concorrência, pois não podemos deixar nenhum se sentindo posto de lado. Às vezes, quando Hype estava deitado do meu lado, eu percebia o olhar de Spike um tanto triste.

Eles têm ciúme um do outro, mas se adoram. Tanto que dormem juntos, passeiam e brincam juntos.

Ter ciúme é uma coisa natural, e toda família passa por esse problema. Apenas temos que ser sensíveis o suficiente para equilibrar a relação, e não deixar tristes aqueles que tanto amamos.

CAPÍTULO 36

Qual a melhor comida?

Spike sempre foi louco por tudo quanto era tipo de comida. Desde os mais variados tipos de ração, frutas, verduras e pão... Claro, o pão! Ele experimentou de tudo um pouco. Sempre gostara quando principalmente meu pai aparecia lá em casa. Aposto que quando o seu Márcio chegava, ele pensava: "Oba, hoje tem banquete!".

Ao perceber que meu pai estava dando alguma coisa para Spike, eu falava:

— Pai, não é para dar muito pãozinho, não é legal para ele.

Meu pai respondia na maior cara de pau:

— Filha, eu não estou dando nada!

Mas, quando eu o pegava no flagra, ele se desculpava dizendo:

— Minha filha, ficar comendo só essas bolinhas ele não deve aguentar.

E eu acabava rindo.

Quer ver em festinhas lá em casa?! Negão, como sempre, estava presente, e adorava quando alguém lhe pedia para dar a patinha, sentar, deitar, fingir-se de morto, pois um agrado viria com toda a certeza no final.

Todo o mundo gostava de ver suas habilidades, e ele já estava tão craque que era só falar para dar a patinha, já saía fazendo tudo na sequência, sem ao menos esperar pelo comando. Ele sempre roubava a cena!

Quando eu ia para a cozinha, ao abrir a geladeira, Spike já pensava que alguma coisa ia sobrar para ele. Então, sentava-se ao meu lado e, com aquele olhar de coitado, que ele faz muito bem, ficava só esperando eu jogar alguma coisa. Ele sempre pegou tudo no ar.

E lá ia alface, tomate, cenoura, agrião, pepino, espinafre... Ia a salada toda, nunca recusou nada. E olha que rúcula é amargo pra caramba! Todo o mundo sempre falava que só podia ser meu cachorro, porque ele era vegetariano também!

Quer dizer, vegetariano na marra, porque nunca dei carne a ele. Com certeza se eu lhe desse, ele traçaria!

Banana, uva, abacaxi, laranja, bergamota, pitanga, maçã... Hum, por maçã ele tem verdadeira paixão!

Sempre foi bom garfo!

Até tempero ele come. Adora uma salsinha, um manjericão...

Já vi cachorros comendo várias coisas, mas assim como Spike, que não recusa nada, nunca vi.

Quando terminamos de tomar iogurte, ele já está babando a nossa frente, porque sabe que vai conseguir lamber o final. O pote chega a ficar quente da sua língua.

Embora alguns veterinários sejam contra esses agradinhos, é claro que, sem excesso, não fazem mal nenhum.

Agora, o difícil é saber qual a sua comida predileta.

Mas acho que vou arriscar um palpite apostando que é do pão bisnaguinha que Spike gosta mais!

CAPÍTULO 37

Hora do banho

Era só chamarmos Negão que ele vinha sempre na maior alegria. Só havia um momento em que travava: a hora do banho. Era só ver o xampu e a escova que parava sua corrida, deitando-se no chão. E não havia jeito de ele se levantar.

Podíamos oferecer banana, maçã, até pão, que ele adora, que nada o fazia se movimentar.

Spike tinha que ser arrastado mesmo, senão não saía do lugar de maneira alguma. E falávamos:

— Não tem jeito, Negão, levanta daí que você vai tomar banho, sim!

Aí ele vinha com a cabeça e as orelhas baixas, andando passo a passo, como se fosse para o maior sacrifício do mundo.

Sempre foi assim. Era uma tortura para entrar, e uma glória para sair. Daí, sim, Spike fazia a maior festa! Adorava quando eu pegava a toalha para secá-lo.

Toda semana era a mesma coisa. Eu via aquele sol gostoso, o maior calor e, ao voltarmos da praia, já pegava a mangueira e os apetrechos para deixar Negão limpo e cheiroso.

Dar banho nele era como se eu estivesse na academia, tamanha era a força e os agachamentos que eu precisava fazer. Sem contar que, como eu não o prendia, ele ficava solto, e assim ia dando um passo para a frente até quase sair do lugar do banho. Eu brigava com Spike, que me olhava com aquela cara de tristeza, como se eu estivesse praticando a maior maldade com ele, e voltava. Olha só!

Em um desses dias de banho, fiz todo o ritual de costume, e Spike, como sempre, embora não concordasse muito com a situação, veio se arrastando.

Comecei jogando água nas patas, fazendo-o se acostumar, e depois joguei no corpo todo. Peguei o xampu — e olha que vai xampu, porque em pelo de labrador parece que o produto não penetra, de tão denso — e fui esfregando por todos os lados. Ele estava branco de tanta espuma que eu tinha feito.

E nessa hora, todo ensaboado, ele ouviu o barulho do carro de George chegando em casa. George não sabia que eu estava dando banho em Negão, e veio assobiando, chamando por ele. Spike sempre foi louco por seu chamado; mesmo que eu tentasse segurá-lo, ficava dando um jeito de escapar. Eu gritava para que George não o chamasse, enquanto ficava segurando-o.

Claro que uma hora não deu mais, e ele saiu todo ensaboado indo ao encontro dele, e eu atrás pedindo que parasse. Spike corria, balançando as orelhas e jogando espuma para todos os lados, achando provavelmente que estava brincando de pegar comigo. Era sabão no chão, na planta, na grama. Quando ele viu George pedindo que parasse de correr, Spike obedeceu, e eu, que vinha logo atrás, capotei por cima daquela montoeira de espuma com um cachorro embaixo, levando o maior tombo.

Minha raiva se tornou maior quando olhei para o lado e vi que um amigo nosso, que vinha com George, estava na maior gargalhada. Ele era tão gozador que nem se preocupou se eu estava machucada ou não. Queria só tirar onda com a minha cara.

Mas o jogo se inverteu quando olhei a camiseta dele, que era branquinha, e a vi sendo decorada pelas espumas cheias de pelos pretos que Spike deixou marcadas na hora em que pulou nele.

Pretão, que pensava ter escapado do banho, teve que voltar mesmo a contragosto, e eu, começar tudo outra vez.

Ai, que dureza!

CAPÍTULO 38

Caiu lá embaixo? Chame Negão que ele pega!

Estava uma noite linda, e fomos nos deliciar comendo camarões lá na varanda de casa. A safra naquele ano foi boa, e o custo baixou tanto que pudemos saboreá-los de todo jeito.

Chamamos alguns amigos, como sempre, o que tornou nossa noite ainda mais prazerosa.

Hype e Spike estavam deitados ao lado da mesa, na esperança de ver alguma coisa cair ao chão, ou algum agrado vir por livre e espontânea vontade.

A certa altura, eu brincava com uma almofada no banco da mesa da varanda, quando, por um descuido, ela caiu lá embaixo.

A nossa casa foi construída em um terreno um pouco íngreme, então teríamos que dar a volta para descer e alcançar a almofada que havia caído entre as pedras de sustentação da varanda.

Olhei para Negão e falei:

— Ah, Spike! Vai você pegar para mim, né?

Nessa hora, minha amiga se virou e falou:

— O quê? Conta outra, Gi, ele não vai saber pegar nunca.

Então, eu, toda orgulhosa, disse:

— Você ainda não viu nada! É claro que ele pega!

Chamei Nego, e falei onde a almofada havia caído, apontando com o dedo. Disse para ele dar a volta, ir lá embaixo pegá-la e trazê-la para mim.

Ele só faltou falar:

— Pode deixar comigo! Já vou pegá-la!

E minha amiga, curiosa de saber se ele atenderia mesmo ao meu pedido, ficou na varanda olhando para baixo, enquanto eu abria a porta para Negão descer. Ela ficava balançando a cabeça de um lado para o outro, repetindo a toda hora:

— Não vou acreditar! Aliás, não estou acreditando!

Entre as pedras, bem onde caíra a almofada, um arbusto bem grande de citronela tapava um pouco a visão de onde Spike estava. Mas lá de cima eu ia falando:

— Negão, passa a folhagem que a almofada está bem atrás. Pega e traz aqui em cima para a Gisele. Vem, Negão!

Minha amiga, perplexa, perguntava como poderia ele entender o que eu estava dizendo, pois o fazia como se estivesse pedindo algo a uma pessoa.

Mas sempre foi assim, às vezes o chamávamos de "Pessoa", pois Spike sempre pareceu uma.

Pois bem, continuei direcionando mais um pouco, e por fim ele pegou a almofada e veio com ela na boca, todo faceiro, uma vez que até com palmas foi recebido.

Minha amiga não podia acreditar no que estava vendo. E só falava:

— Gisele, não é possível, como ele conseguiu achar e trazer lá de baixo? Como?

Quando Spike voltou, é claro que foi recebido, além das palmas, com muitos agrados saborosos. Ganhou até camarão da minha amiga, que ficou o resto da noite de boca aberta com o que presenciara.

O estímulo e a linguagem que sempre usamos com Spike com certeza ajudaram no desenvolvimento da sua inteligência; sempre entendeu as frases completas. Sua compreensão ia além de comandos simplesmente.

E tem alguém que ainda acha que animais não pensam!

CAPÍTULO 39

Será que ele não vai andar mais?

Os labradores têm uma sensibilidade muito grande nas articulações e, quando vão ficando mais velhos, certas dores vão aparecendo.

Eles têm uma forte tendência à obesidade. Dessa forma, quando estão um pouco mais pesados, os ossos são prejudicados, dificultando sua locomoção, passando a necessitar, assim, de medicação para evitar futuros problemas.

Com Spike não foi diferente. Certo dia, quando acordei, já notei que alguma coisa estava errada. Negão tem o hábito de ficar encostado na porta do nosso quarto. E, dessa vez, estava ainda na cama dele. Achei mais estranho, porque fui descendo a escada e vi que nem havia se levantado. Caminhei até a porta para abri-la no intuito de que desse sua voltinha de costume, e nada. Nem se mexia, apenas me olhava.

George desceu em seguida, assim que sentiu que tínhamos problemas. Também o chamava, e ele fazia força para se levantar, mas não conseguia se movimentar.

Ligamos para o veterinário, que nos disse para levá-lo até a clínica para que pudesse examiná-lo.

George o pegou no colo, levou-o até a grama para ver se fazia alguma coisa, e nada.

Dava uma pena danada ver que ele queria ir passear, mas não conseguia se mexer.

Ficamos muito preocupados. A impressão era de que Spike não ia conseguir mais andar. Fazíamos força para que ficasse sentado, mas ele não era capaz, logo deitava. Ver sua expressão nos olhando, sentir sua tristeza por querer reagir e não poder era simplesmente horrível.

No caminho para a clínica, íamos conversando com ele, enquanto fazia carinho em sua cabeça.

Chegando lá, abrimos a porta do carro para pegar Negão no colo, mas ele conseguiu descer sozinho, meio manquinho, e foi direto fazer pipi na moita. Ficamos já um pouco aliviados, pois pensávamos que ele não fosse melhorar tão cedo.

Spike entrou no consultório com o andar todo travado, e o veterinário então fez todos os exames, tirou radiografias, mexeu na sua perna esticando-a, colocando-a para cima e para baixo. Eu só de olhar já estava com dor. Explicou-nos sobre esses problemas que aparecem quando os cães vão ficando mais velhos.

Medicou e disse que teríamos que tomar cuidado dali em diante. Em dias frios provavelmente Spike sentiria alguma contração, sobretudo se tivesse corrido ou feito um esforço exagerado.

Fiz massagem com arnica e coloquei bolsa de água quente. Ele, muito querido que sempre foi, ficava quietinho me deixando fazer tudo certo como o veterinário orientara.

No dia seguinte, Spike já corria como se nada tivesse acontecido.

Depois disso, toda vez que ele acordava um pouco dolorido, lá ia eu pegar a arnica para fazer uma boa massagem em sua perna.

Só rezo para que Spike não fique nunca sem andar. Foi muito triste ver a carinha dele querendo sair para dar sua volta rotineira e não conseguindo se mexer.

Acho que com todo o cuidado, carinho e atenção que dispensamos a ele, vai ser muito difícil isso acontecer outra vez.

Que Deus me ouça!

CAPÍTULO 40

Um consolo na hora da dor

O dia estava lindo, mas resolvi ficar em casa, pois tinha que escrever mais histórias para o meu livro. Sentei-me na frente do computador, revisei alguns textos e, é claro, Spike sempre do meu lado.

Como a porta do quarto de Nicolle estava aberta, ele saía de vez em quando para dar uma voltinha. Ao retornar, ficava olhando para a porta do banheiro, e, como sempre, esse gesto indicava que queria tomar água. E lá tinha eu que me levantar e abrir a torneira da pia, para que saciasse sua sede.

Então eu retornava para o computador, para a minha tarefa diária, e ele voltava a ficar deitado ao meu lado.

Eu estava muito concentrada no texto que vinha escrevendo, quando recebi um telefonema da minha irmã. Fui atender, conversamos sobre vários assuntos, e eu retornei para a minha escrita.

Passaram-se mais ou menos cinco minutos e o celular tocou novamente. Vi que era minha irmã outra vez. Estranhei o porquê de ela me ligar se já havíamos conversado um bom tempo havia poucos minutos.

Quando atendi ao seu telefonema, não recebi boas notícias. Para minha tristeza, ela me comunicou a morte trágica de nosso primo, Dida, com quem eu tinha uma ligação muito forte. Fiquei em estado de choque, sem palavras, não atinando muito bem o que havia acontecido.

Desliguei o telefone, desci para pegar um copo com água e me sentei na escada. Quando me dei conta de que o que ela acabara de me dizer era real, despenquei num choro daqueles em que sentimos nossa alma doer. Era um aperto no peito, uma indagação de por quê, um vazio tão enorme que nada poderia me consolar naquele momento de desespero e tristeza muito grandes.

Eu estava com a cabeça entre as pernas, chorando muito, quando senti Spike me cutucando com seu focinho, empurrando meu braço para cima, na tentativa de conseguir se encostar no meu rosto. Ficou me cutucando até que conseguiu me dar algumas lambidas. Olhei para ele, e fiquei falando o quanto estava triste com o que acabara de saber, quando Spike colocou a pata na minha perna, me olhando com aquele olhar lânguido.

Continuei conversando com ele, contando da minha angústia, tentando desabafar um pouco, já que ele era minha única companhia naquele momento. E Spike lambia muito a minha mão e de vez em quando colocava a patinha na minha perna.

Às vezes sentia que a vontade que ele tinha era de me abraçar naquela hora, mas ele demonstrava sua compreensão pela minha dor acariciando-me e confortando-me do jeito que sabia. As lambidas e os toques com a pata... era como se eu estivesse com um amigo me abraçando, segurando minha mão, de qualquer forma me consolando.

Os animais têm uma sensibilidade muito grande. Conseguem saber exatamente como estamos nos sentindo, e tentam de alguma forma nos fazer entender isso, nos fazer entender que estão do nosso lado. E quando somos verdadeiramente sensíveis, conseguimos compreender sua gratidão, conseguimos compreender que eles ficam tristes quando estamos tristes, e vibram de alegria quando estamos felizes.

Eles podem expressar isso de maneiras diferentes, assim como nós. Cada um tem um jeito próprio de se comunicar.

Só sei que Spike, naquele momento, conseguiu de alguma forma me confortar, e pude realmente me sentir abraçada pelo seu jeito de me olhar, pelo seu beijo lambido e pela sua pata amiga.

Amigo verdadeiro é para guardarmos sempre dentro do nosso coração!

Palavras finais

Depois de ter lembrado e escrito sobre os vários momentos que eu e minha família dividimos ao longo desses anos com Spike, sentei-me novamente na rede da varanda da minha casa e, com os textos na mão, comecei a colocá-los em ordem.

Dessa vez, o dia não estava tão lindo, o frio já ia dando sinal de sua graça, e o barulho da chuva caindo no telhado fazia um fundo musical para minha leitura.

Spike veio me cutucar com seu focinho gelado, querendo um lugarzinho na rede também. Ele subiu, deitou-se, aninhou-se, e não demorou muito para eu me sentir aquecida pelo seu cobertor de pelos.

A cada história que eu ia lendo em voz alta, olhava para o meu Neguinho, e seu doce olhar me dizia o quanto havia curtido cada momento vivido.

Cada passagem por mim recordada era como se estivesse voltando no tempo e vivenciando tudo outra vez.

Enquanto ia recordando suas fases atrapalhadas, engraçadas, tristes, comoventes, as lágrimas iam escorrendo continuamente. Muitas vezes tive que parar, lavar o rosto, concentrar-me novamente para poder continuar.

Quando resolvi escrever sobre ele, parece que foi num passe de mágica, mas eu escrevi sem parar todos os dias, até conseguir, por fim, muitas histórias que, juntas, resultaram neste livro.

Foi gratificante!

Afinal, já somam vários anos de convivência diária. Nesse período, só fiquei longe dele quando viajava, mas ainda assim, quando podíamos levá-lo junto, ele sempre ia.

E o fato é que aqui em casa Spike sempre foi tratado como membro da família. Foi tratado com limites, claro, mas isso todos nós precisamos ter.

Não entendo como algumas pessoas podem achar que bichos não têm sentimento, não sabem pensar, não raciocinam.

Muitas compram um bichinho, dão-lhe comida, fazem festa, mas, quando estão de alguma forma atrapalhando, simplesmente o amarram, trancam em algum lugar como se fosse uma coisa qualquer, sem ficarem nem um pouco abalados com isso.

Quanta falta de sensibilidade e compaixão!

Qualquer ser vivo precisa de respeito, carinho, liberdade, atenção e principalmente muito amor. Tenho certeza de que quando todas as pessoas perceberem isso e mudarem o modo como tratam seus animais, bem como qualquer ser vivo, o mundo será mais belo, harmonioso e feliz!

Ter um animal de estimação e conseguir trocar com ele momentos de puro carinho e companheirismo nos torna, certamente, seres humanos mais leves.

Quando já estava terminando a revisão, Hype chegou correndo pela varanda nos procurando, e, quando nos viu, quis um lugar na rede também. Claro que seu espaço ao nosso lado já estava reservado. Ele é muito ativo, esperto, curioso e extremamente carinhoso. Tornou-se o grande amigo de Spike. Já foi atropelado, picado duas vezes por cobra...

    Mas isso é uma outra história.

Antes de comprar ou adotar seu cachorrinho...

Estes são alguns conselhos para quem deseja dividir seu lar com um animalzinho de estimação.

Antes de comprar ou adotar um animalzinho, veja se você realmente tem condições para isso. Tenha consciência de que vai adquirir um ser vivo que precisa de carinho, atenção, respeito e principalmente amor.

É preciso um tempo disponível no seu dia a dia para interagir com ele. No caso de um cachorrinho, saiba que terá que escolher uma raça que combine com seu estilo de vida. Labradores, por exemplo, são totalmente dependentes do dono e precisam de sua companhia. São cachorros altamente sociáveis, e ter um cão desses para trancá-lo num canil não faz o menor sentido. Aliás, nunca aprovei a ideia de confinar um animal a um espaço reduzido.

O animal é um reflexo do seu dono. Se você é mais agressivo, provavelmente terá um cachorro mais violento. Se é mais equilibrado em suas emoções, com certeza terá um amigo dócil e fácil de conviver.

Jamais abandone seu melhor amigo. Deverá perceber que, a partir do momento em que o traz para o seu lar, você será a pessoa de maior valor para ele. Por maior dificuldade que você esteja enfrentando, pense nas consequências que um ato desumano poderá causar. Tenha a certeza de que uma solução boa virá no momento certo.

Ao levá-lo para passear, não se esqueça de levar sempre uma pazinha, ou um saco plástico, para recolher suas necessidades.

Educar um cãozinho significa ter, acima de tudo, paciência e respeito pelas limitações que cada um tem. Usar de agressividade nunca vai fazê-lo responder positivamente ao seu pedido ou comando. Tente sempre ensinar uma coisa de cada vez, e jamais se esqueça da recompensa. Seja persistente e tranquilo. Para você obter um bom resultado, estimule-o sempre.

Dê a ele uma alimentação sadia, uma ração bem equilibrada, para seu bom desenvolvimento. Agrados de vez em quando não fazem mal algum; mas restos de comida: nunca!

Saiba ouvir seu cãozinho. Eles sabem se comunicar muito bem. Para isso basta que consigamos escutar com o coração o que estão dizendo. Eles falam com o olhar, com as atitudes. Tente desenvolver uma comunicação sadia com seu cão.

Leve-o ao veterinário regularmente para tomar as vacinas e os vermífugos necessários. Tenha sempre em dia a carteira de vacinações.

Saiba que animal de estimação pensa, sim, tem sentimentos e sente dor.

Recusar-se a ter um bichinho em casa quando as condições não são adequadas também é uma forma de respeito e amor.

Meu Álbum de Fotos

Nicolle e Spike na praia.

Spike olhando uma da várias amiguinhas.

Nicolle e Spike brincando no sofá.

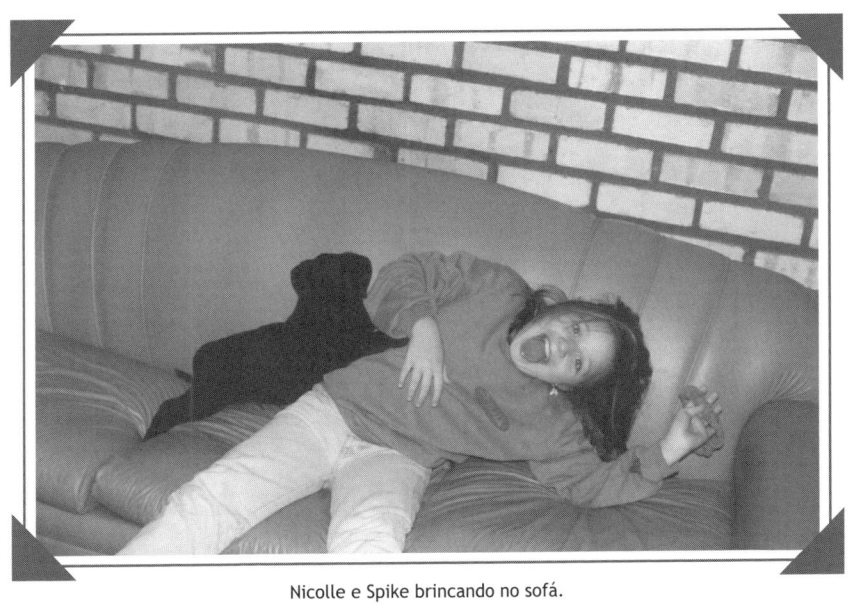

Já fazia pose desde pequenininho.

Primeira ninhada do Spike.
Reparem que só veio um filhote a cara do pai.

Dá pra resistir a esta carinha linda?

Sujando o focinho na areia da praia.

Spike adorava passear na praia.

Nadando na piscina atrás da Arancha.

Um dos seus brinquedos prediletos.

Esse era o canto de que Spike mais gostava na casa do Campeche.

Epa, aí não é pra sentar, Negão!

Comigo na hípica, pulando para cumprimentar Pacific Way.

Posando para foto.

Hype observando Spike pegando a almofada.

Tomando água na pia do lavabo. Quanta mordomia!

Um amigo querendo cumprimentar.

Aniversário da Nicolle. Spike com 3 meses.

Com a galera lá em casa.

No jardim da nossa nova casa!

Adoro esta bolinha!

Spike e seu melhor amigo Hype fazendo pose para foto.

No jardim comigo.

Brincando com Hype.

Na área de lazer na casa do Campeche.

Cara de quem aprontou alguma...

Aquele abraço no George.

Hype pequenininho.

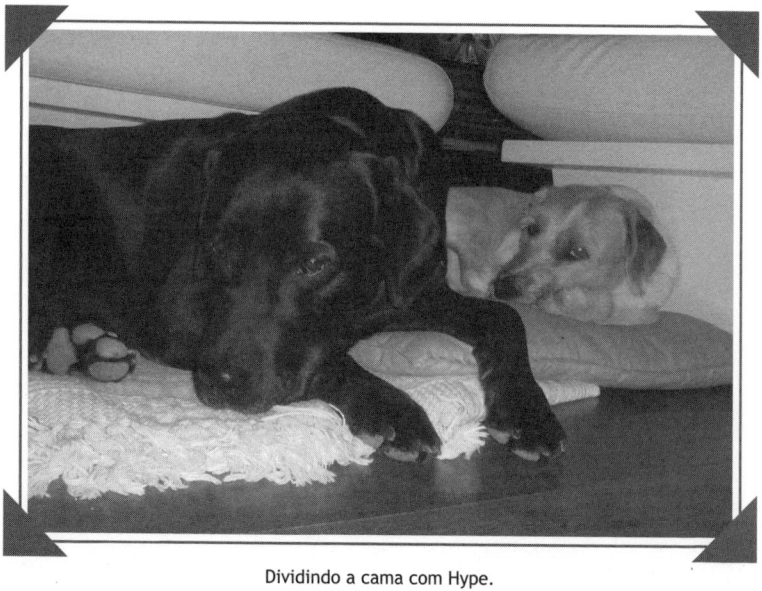

Dividindo a cama com Hype.